Strade blu

NON FICTION

Federico Rampini

IL TRADIMENTO

Globalizzazione e immigrazione, le menzogne delle élite

MONDADORI

Dello stesso autore
nella collezione Strade blu

Il secolo cinese
L'impero di Cindia
L'ombra di Mao
La speranza indiana
Slow Economy
Occidente estremo
Alla mia Sinistra
Voi avete gli orologi, noi abbiamo il tempo
Banchieri
Vi racconto il nostro futuro
All You Need Is Love
L'Età del Caos
Banche: possiamo ancora fidarci?

| librimondadori.it | anobii.com

Il tradimento
di Federico Rampini
Collezione Strade blu

ISBN 978-88-04-67241-8

I edizione novembre 2016

Anno 2016 - Ristampa 2 3 4 5 6 7

Indice

Il tradimento

Introduzione

Il mondo sembra impazzito. Stagnazione economica. Guerre civili e conflitti religiosi. Terrorismo. E, insieme, la spettacolare impotenza dell'Occidente a governare questi shock, o anche soltanto a proteggersi.

Senza una guida, abbandonate dai loro leader sempre più insignificanti e irrilevanti, le opinioni pubbliche occidentali cercano rifugio in soluzioni estreme. La vittoria di Brexit nel referendum in Gran Bretagna che ha sancito l'uscita dall'Unione europea. I messaggi radicali di Donald Trump e Bernie Sanders che nel corso della campagna elettorale americana del 2016 hanno avuto un seguito inatteso, insperato, imprevisto fino a un anno prima. Le derive autoritarie in Polonia e Ungheria. Che si tratti di fenomeni durevoli o transitori, passeggeri o irreversibili, tutti hanno un elemento in comune: alla paura si risponde con la fuga indietro, verso il recupero di identità nazionali. Si cerca di alzare il ponte levatoio. Di isolarsi da tutto il male che viene da «là fuori».

È una reazione comprensibile.

È normale cercare di proteggersi dall'inaudita violenza di attentati terroristici di matrice islamista sul suolo europeo: un'escalation che dopo «Charlie Hebdo» ha colpito ancora Parigi nel novembre 2015, Bruxelles nel marzo 2016, Nizza nel luglio 2016. L'America non è immune.

Ed è normale cercare una via d'uscita dalla stagnazione economica ultradecennale, che ha reso i figli più poveri dei genitori.

Immigrazione e globalizzazione, sono i due fenomeni sotto accusa.

Il grande tradimento delle élite spinge alla ricerca di soluzioni nuove... oppure antichissime. Quel tradimento è reale. Per élite intendo un ceto privilegiato che estrae risorse dal resto della società, per il potere che esercita direttamente: politici, tecnocrati, alti dirigenti pubblici nella sfera di governo; capitalisti, banchieri, top manager nella sfera dell'economia. Più coloro che hanno un potere indiretto attraverso la formazione delle idee, la diffusione di paradigmi ideologici, l'egemonia culturale: intellettuali, pensatori, opinionisti, giornalisti, educatori. Ci sono dentro anch'io.

Il tradimento delle élite è avvenuto quando abbiamo creduto al mantra della globalizzazione, abbiamo teorizzato e propagandato i benefici delle frontiere aperte: e questi per la maggior parte non si sono realizzati. Quando abbiamo continuato a recitare un'astratta retorica europeista mentre per milioni di persone l'euro e l'austerity erano sinonimi di un grande fallimento.

Il tradimento delle élite si è consumato quando abbiamo difeso a oltranza ogni forma di immigrazione, senza vedere l'enorme minaccia che stava maturando dentro il mondo islamico, un'ostilità implacabile ai nostri sistemi di valori.

Il tradimento delle élite è continuato praticando l'autocolpevolizzazione permanente, una sorta di riflesso pavloviano ereditato dai tempi in cui «noi» eravamo l'ombelico del mondo: come se ancora oggi ogni male del nostro tempo fosse riconducibile all'Occidente, e quindi rimediabile facendo ammenda dei nostri errori. Il tradimento delle élite ha giustificato ogni violenza contro di noi riconducendola ai nostri peccati ancestrali; e così ha illuso che il mondo possa tornare «in ordine» se soltanto l'Occidente si pente e imbocca la retta via.

Il pensiero *politically correct*, dominante fra i tecnocrati, le élite e tanta parte della sinistra di governo, ha continuato a recitare la sua devozione a tutto ciò che è sovranazionale. Tutto ciò che unisce al di là delle frontiere è stato considerato positivo per definizione: trattati di libero scambio, organizzazioni multilaterali. Si è reso omaggio sempre e ovunque alla società multietnica, senza voler ammettere che questo termine in sé non vuol dire niente: «società multietnica» non ci dice qual è il risultato finale, il segno dominante, il mix di valori che regolano una società capace di assorbire flussi d'immigrazione crescenti. Da tempo gli Stati Uniti sono multietnici; lo è l'India; lo è il Brasile; lo è la Russia; lo sono la Turchia e l'Iraq con le loro minoranze armene o curde. E noi, a chi vogliamo assomigliare?

Può sembrare anacronistica l'attuale riscoperta, da destra, di un modello russo. Ma è anche questa una conseguenza del «tradimento delle élite». Alle paure di un'opinione pubblica angosciata dalla stagnazione economica e dal terrorismo, l'establishment globalista e ottimista ha risposto recitando a oltranza la stessa fiaba a lieto fine: «E dopo avere abbattuto le frontiere vissero per sempre felici e contenti». Se ormai ci credono in pochi, la colpa non è di Putin.

Più in generale, per molti decenni abbiamo raccontato che in questo mondo sempre più connesso lo Stato-nazione è superato; e quindi, implicitamente, lo stesso esercizio della sovranità popolare che aveva fondato la democrazia su basi nazionali viene condizionato e limitato da forze superiori. Salvo scoprire che queste «forze superiori» non sono né oggettive né naturali; producono risultati che avvantaggiano pochi, sempre gli stessi. Come stupirsi, allora, se una parte di noi perde fiducia nella democrazia stessa?

«Non hanno dimenticato nulla. E non hanno imparato nulla.» Si dice che Charles-Maurice de Talleyrand, celebre figura della Rivoluzione francese e del periodo napoleonico, diede questa definizione dei nobili esiliati, quando tornarono in patria con la Restaurazione del 1815.

Evitiamo che quella frase finisca per descrivere anche la nostra generazione, il nostro tempo.

New York, 5 ottobre 2016

I

Immigrazione e jihad

In quella Bruxelles che oggi è un covo dei jihadisti d'Europa ci ho vissuto quindici anni, infanzia e adolescenza. Non ho mai smesso di frequentarla, visto che ci sono rimasti sempre i miei genitori, ora mia mamma da sola.

A Parigi (altro covo di jihadisti) frequentai, ventenne, i seminari di Raymond Aron; ci tornai come corrispondente estero trent'anni fa; poi ci è andato mio figlio Jacopo a fare la Sorbona. Per anni la nostra famiglia, quando era sparpagliata tra la California e la Cina o tra l'Europa e New York, si riuniva a Parigi per le feste di Natale e Capodanno.

Bruxelles, Parigi: quando conosci così le città, quando sono i luoghi dove vivono i tuoi migliori amici, e pezzi della tua vita sono incollati al paesaggio locale, diventi allergico alle superficialità, agli stereotipi. Non sopporti i banali luoghi comuni usati da chi cerca una spiegazione facile alle tragedie. Per esempio: per non stancare il cervello di fronte a fatti terribili, angosciosi e complessi, molti diventano di colpo marxisti. Nel formato «bignamino» del marxismo, quello per cui ogni cosa deve spiegarsi con la realtà economica sottostante, i rapporti sociali, le classi, lo sfruttamento capitalistico. Ecco che secondo questa versione di comodo la jihad penetra perché i giovani di origini arabe o nordafricane sarebbero prigionieri di ghetti, marginalizzati, intrappolati in condizioni economiche disagiate.

Ma davvero? I ghetti per immigrati a Bruxelles io li ricordo bene. Ci vivevano i nostri, di immigrati, gli italiani. Anni Cinquanta, Sessanta: allora sì, il Belgio era un paese razzista. I nostri immigrati andavano a morire per estrarre il carbone nelle miniere della Vallonia (tragedia di Marcinelle, 8 agosto 1956, l'anno della mia nascita: 262 morti di cui 136 italiani). Era l'epoca in cui i padroni di casa belgi alle finestre degli appartamenti da affittare attaccavano l'avviso NIENTE CANI, NIENTE ITALIANI. I figli di quegli immigrati non riuscivano a finire la scuola dell'obbligo. Ne ricordo uno, siciliano, mio compagno di classe dalla prima alla quinta elementare: Calogero Arnone. Ripetente, perciò il più alto e il più forte di tutti, primeggiava negli sport. Nelle altre materie se la cavava a stento. Il giorno della consegna del diploma di quinta il maestro, dopo averlo promosso, aggiunse: «Gli altri vanno in prima media, tu hai già studiato abbastanza, ora vai a lavorare». Non era un giudizio, era una constatazione. Per Calogero la quinta elementare era già un traguardo, per i suoi genitori un lusso.

Da bambino ho avuto compagni di banco francesi, tedeschi, olandesi e belgi. Come ho raccontato nel libro *Alla mia sinistra*, sono cresciuto con la prima Europa unita e dentro il suo cuore: nel 1958, quando avevo due anni, i miei genitori si trasferirono a Bruxelles. Alla nascita della Commissione europea, mio padre fu tra i primi funzionari italiani. Elementari, medie, liceo, le ho fatte tutte alla Scuola europea di Bruxelles.

Nei quartieri poveri della città, quei bassifondi che allora erano dietro la place Jourdan, attorno alla Gare du Midi, o nel rione di Anderlecht, c'era l'Italia dei nostri emigranti, che ancora negli anni Sessanta affluivano in Belgio come minatori, operai, muratori, camerieri, ciabattini, donne delle pulizie.

Cominciai a frequentarli grazie a un sacerdote bresciano, don Bruno Ducoli.

Era il mio prof di religione alla Scuola europea ed era soprattutto impegnato nel lavoro con gli immigrati, per aiutarli a superare i ritardi scolastici, ad acquistare coscienza dei propri diritti, a organizzarsi. Sotto la direzione di don Bruno, da adolescente andavo a lavorare nei loro corsi serali di recupero, li aiutavo a fare i compiti.

Quei ragazzi m'insegnavano cosa voleva dire concretamente inserirsi nell'Europa del Nord portandosi dietro la zavorra della nostra questione meridionale; e dovevano adattarsi a un ambiente urbano già in piena rivoluzione sessuale dopo essere stati allevati nella morale cattolica del nostro Sud. I miei coetanei figli di muratori e di cameriere subivano ogni giorno il razzismo dei belgi, nella scala delle etnie inferiori erano appena un gradino più su dei marocchini, due gradini sopra i congolesi. Su quei ragazzi venuti dal Sud il facile insulto «italiani mafiosi», lanciatogli a scuola o al bar o al lavoro, lasciava delle ferite vere. I sindacati belgi, moderati e anticomunisti, tenevano ai margini i nostri operai. Ma quel nucleo di amici che si formò attorno alla scuola serale di don Bruno, si allargò fino a diventare un'organizzazione in difesa degli immigrati.

Seppero evitare il razzismo dei poveri, diventarono la punta avanzata di un movimento multietnico, riconosciuto come un interlocutore politico dal governo. Dopo anni di lotte, anche grazie a loro gli immigrati conquistarono il diritto di voto in Belgio.

Tutti gli immigrati: compresi i nordafricani, benché extracomunitari.

È proprio questa lezione a essermi tornata in mente quando Bruxelles è stata colpita da attentati terroristici di matrice islamista. In particolare mi è tornato in mente Muhammad. Due volte a settimana, dopo la scuola lo aiutavo a fare i compiti. Lettura, dettato, algebra. Avevo sedici anni, lui undici. Ogni tanto m'invitavano a casa i suoi genitori per la merenda: tè alla menta, pasticcini al miele e pistacchi, tipo baclava. Il nostro mondo comune era a ridosso di quella Rue de la Loi che molti nel 2016 hanno imparato a situare nelle mappe, tragicamente, per la strage nel metrò, stazione Maelbeek. Non ancora invasa come oggi da nuovi palazzi che ospitano istituzioni internazionali, nei primi anni Settanta quella zona centrale era abitata da immigrati. Marocchini come Muhammad, insieme a italiani e spagnoli, greci e tunisini. Tra «noi» e «loro», cioè tra mediterranei-cattolici e mediterranei-islamici, allora colpivano soprattutto le somiglianze, non le differenze. Nel weekend c'incontravamo a fare la spesa al mercato della stazione, la Gare du Midi, dove le bancarelle dei marocchini erano una profusione di colori e odori del nostro Sud. Ricordo il profumo del basilico marocchino, più mentolato di quello italiano. Salvia e rosmarino. Pomodori e peperoncini, olive, pinoli, acciughe sotto sale, tonno sfuso sott'olio, roba che oggi si trova in tutti i supermercati ma a quell'epoca era esotica nel Nordeuropa.

C'era un'altra cosa in comune, oltre alla nostalgia delle stagioni e dei sapori, dei colori e dei profumi del nostro Mediterraneo. L'immigrato italiano o spagnolo, e quello nordafricano, erano uniti dalla stessa aspirazione. Integrarsi. Farsi accettare.

Essere all'altezza di una società nordeuropea, che si percepiva come un traguardo, una conquista. Era la ragione per cui il papà di Muhammad preferiva parlargli in uno stentato francese; bisognava ridurre le differenze con la popolazione locale. Proprio come i padri operai dei bambini siciliani e sardi, calabresi e veneti, tutti decisi ad assimilare rapidamente le regole e i valori del paese d'arrivo.

Nell'arco di una o due generazioni si è consumata una rottura totale, drastica. Prima ancora che apparissero la jihad e le cellule del terrore. Il cambiamento è accaduto in una parte della comunità islamica proprio mentre il Belgio migliorava: sì, diventava meno razzista del paese in cui ero cresciuto, molto più aperto verso le culture d'origine, le lingue e i costumi del mondo maghrebino. Al tempo stesso, una parte crescente dell'immigrazione islamica cambiava atteggiamento verso di noi.

Un passaggio chiave di quel capovolgimento coincide con la «rivoluzione» di Khomeini in Iran (1978-79), l'instaurazione di una teocrazia sciita che denuncia l'Occidente come una civiltà decadente, immorale, corrotta e peccaminosa.

Quello che a me rimane impresso è un «prima» e un «dopo».

Da un certo momento in poi tanti immigrati musulmani hanno deciso che non vogliono integrarsi.

Lo strappo non ha mai avuto degli equivalenti nelle comunità d'immigrati italiani o portoghesi o greci nell'Europa nordica; o d'immigrati ispanici negli Stati Uniti.

Tanti islamici hanno cominciato a pensare che la loro è una civiltà superiore, che non hanno nulla da imparare, anzi, devono evitare ogni contaminazione con noi. Inoltre, questo senso di superiorità si è mescolato a un sentimento di rancore verso l'Occidente, producendo un mix esplosivo, di cui solo oggi vediamo tutte le conseguenze.

Questo fenomeno è ben diverso dall'attaccamento alle tradizioni, sempre vivo in tutte le diaspore: italiani o ebrei, irlandesi o polacchi, cinesi o messicani, da sempre gli immigrati cercano di salvaguardare la propria identità. Tutt'altra cosa è sentirsi moralmente superiori e al tempo stesso covare risentimenti, recriminazioni. Questo giacimento di vittimismo esiste in un vasto mondo islamico, anche moderato; è il terreno di coltura per i predicatori della jihad. È il grande problema di cui l'Islam moderato è portatore, e di fronte al quale chiude gli occhi, con conseguenze drammatiche.

Gli immigrati italiani nella Bruxelles della mia infanzia e adolescenza, anni Sessanta e Settanta, erano dei combattenti. Cercavano dei sindacati per difendere i propri diritti. Si organizzavano nelle sezioni estere del Partito comunista o delle Acli (Associazioni cristiane lavoratori). Volevano, in fondo, migliorare il Belgio per viverci bene. E ci sono riusciti. In quanto a Muhammad, la sua generazione di immigrati nordafricani si è integrata molto meglio di quanto si creda. Perché lo voleva.

Il Belgio, ho letto nelle cronache frettolose di tanti inviati in quel terribile mese di marzo 2016 (stragi dell'aeroporto e del metrò), sarebbe uno «Stato fallito». Ma davvero? Per reddito pro capite supera Francia e Inghilterra, Giappone e Italia. Per longevità media, che è anche un indicatore di qualità delle cure mediche, supera gli Stati Uniti e perfino la Danimarca. Nei rapporti internazionali sulla corruzione è uno dei paesi meno inquinati d'Occidente. Nelle classifiche Ocse-Pisa sulla qualità dell'istruzione è sopra la media dei paesi ricchi, nonostante gli studenti immigrati siano saliti in un decennio dal 12 al 15 per cento. L'Indice della Felicità delle Nazioni Unite, il più completo su ciò che determina la qualità della vita, piazza questo paese davanti a Inghilterra, Francia e Italia.

Questo è il Belgio. «Stato fallito»? Dopo le stragi di Bruxelles la definizione è stata usata dai commentatori americani, poi è rimbalzata sui media europei, che l'hanno ripresa senza pensarci tanto. «Stato fallito» non è un'etichetta qualsiasi. Si usa per descrivere paesi africani nella guerra civile, dove le istituzioni sono incapaci di garantire i più elementari diritti umani, i servizi basilari per la sopravvivenza. Applicata al Belgio la definizione mi ha colpito. La sconfitta di quello Stato balza agli occhi, imperdonabile, nella prevenzione del terrorismo. Molte vite si sarebbero salvate se la polizia e i servizi segreti belgi non fossero stati paurosamente inefficienti. Meno convincente è lo spettacolo di quanti salgono in cattedra e subiscono débâcle in casa propria: la Francia con «Charlie Hebdo», il Bataclan, Nizza; gli Stati Uniti con la maratona di Boston, la strage di San Bernardino in California, quella di Orlando in Florida. Nessun servizio segreto vide i segnali di pericolo.

A me non interessa certo difendere i governanti del Belgio, non mi sono mai sentito belga e faccio fatica a ricordare il nome del loro premier. Ma parlare di Stato fallito è pericoloso per le conseguenze che poi si traggono nell'analisi del pericolo incombente sulle democrazie occidentali. Dopo avere incollato l'etichetta di Stato fallito, si passa alla denuncia della «ghettizzazione» degli immigrati di religione islamica, quindi si cominciano a enumerare tutte le colpe dell'Occidente. È un film che abbiamo già visto, a cominciare dagli Stati Uniti: erano passate poche ore dall'attacco alle Torri Gemelle e partì un dibattito su «cos'abbiamo fatto noi per provocarli, come ci siamo tirati addosso questo castigo». È una sindrome segnalata perfino da sopravvissuti dei campi di concentramento: accadde anche a loro di interrogarsi sulle «ragioni» dei nazisti. Terribile ma forse molto umano, la vittima cerca di spiegarsi il carnefice.

Tra le «ragioni» dietro la violenza dei jihadisti, si descrive il quartiere di Molenbeek come un ghetto, appunto. Anche qui le parole hanno un peso. I ghetti nella storia furono quartieri dove venivano confinate comunità come quella ebraica in tempi di discriminazioni e persecuzioni. Si parla di ghetti, per estensione, anche quando vi abitano persone discriminate per le loro condizioni socio-economiche, l'origine etnica, il livello di istruzione: in tal senso, mezzo secolo fa certi quartieri di Bruxelles lo erano davvero. Non è questo che descrive il Belgio di oggi, né la parabola esistenziale dei suoi terroristi.

Uno dei massimi studiosi del jihadismo, il francese Olivier Roy, è stato fra i primi a denunciare l'errore di analisi, ci ha segnalato subito che la maggior parte dei terroristi sono figli della piccola borghesia, benestanti, scivolati per colpe personali nella delinquenza comune prima di trovare nel fanatismo religioso un alibi. Roy ci esorta spesso a fare analogie con le Brigate rosse. Che non furono il prodotto della disoccupazione giovanile né dello sfruttamento della classe operaia. Ma, almeno, nei loro documenti le Brigate rosse volevano spacciarsi come avanguardie rivoluzionarie del proletariato oppresso. Al contrario, non c'è nella narrazione islamista il minimo accenno a problemi socio-economici come la disoccupazione. E il Welfare belga è uno dei più generosi, inclusivo verso gli stranieri.

Le storie individuali non vanno ignorate, per distinguere tra «ghettizzazione» e processi d'integrazione in atto. Il fratello del terrorista suicida Najim Laachraoui (uno degli autori dell'attacco all'aeroporto di Bruxelles-Zaventem) è stato ammesso nella squadra nazionale belga di taekwondo; i genitori avevano allertato le autorità quando il jihadista era partito per la Siria. Questi sono segni concreti che i familiari del terrorista non si sentivano perseguitati dai belgi. A Molenbeek vivono nordafricani di seconda o terza generazione che sono diventati avvocati, medici, ingegneri, insegnanti. Altro che ghetto. Ci vivono anche dei giovani italiani attirati da Erasmus o dagli stage presso le istituzioni internazionali. Anche loro si sono sentiti abbandonati dalla polizia e dallo Stato, certo, in quel terribile 22 marzo 2016. Ma cercare dentro lo Stato democratico le cause di questa tragedia sarebbe solo uno sbaglio in più.

Quando il Belgio era veramente un paese razzista, quando i ghetti c'erano, nessuno dei nostri immigrati imbracciò mai un kalashnikov per farsi giustizia contro i belgi. Non c'erano in circolazione fra loro ideologie di vendetta e di morte. Quando arrivò in Italia e in Francia il terrorismo rosso, i nostri immigrati diffidarono subito; era roba per giovani borghesi, universitari, figli di papà. Oggi, la jihad nascerebbe dalle ingiustizie sociali? Non certo quella di Abdelhamid Abaaoud, 28 anni, uno dei capi della strage a Parigi. Cittadino belga di origine marocchina. Suo padre è benestante, ha fatto ottimi affari in Belgio come commerciante. Ha messo il figlio in una delle migliori scuole private di Bruxelles, un liceo per ricchi. Sfruttamento, emarginazione, disagio sociale? I guru dei talk show usano queste formulette come dei passe-partout, per pigrizia intellettuale. I jihadisti no. Di quei problemi, loro non parlano mai.

Eppure non mancano i loro proclami ideologici, i documenti di propaganda dello Stato Islamico dilagano «virali» nei social media. Mai che trattino della disoccupazione tra giovani immigrati; mai che denuncino qualche problema sociale nelle banlieue. Sono temi completamente estranei al loro orizzonte ideologico.

Non gliene importa nulla. Quel che odiano dell'Occidente non sono lo sfruttamento capitalistico né le diseguaglianze sociali; ciò che denunciano è lo Stato laico che mette tutte le religioni sullo stesso piano, la libertà di espressione, la libertà dei costumi, l'emancipazione femminile, il fatto che le donne possano studiare e lavorare, vestirsi come preferiscono, sposare chi vogliono.

Se fosse vero che le nostre ingiustizie sociali generano malessere e ribellione violenta, il brigatismo rosso dovrebbe esistere nell'Italia di oggi, dove gli indicatori della disoccupazione giovanile e del precariato sono decisamente peggiori rispetto agli anni Settanta. Le ideologie di terrore, di sopraffazione e di morte hanno vita autonoma come i virus. È sul piano delle idee che vanno analizzate, contrastate e sconfitte.

Mi vengono in mente le «mie» Chinatown. Ne ho conosciute tante, da vicino, e molto prima di andare a vivere a Pechino. Negli anni Ottanta, quando abitavo a Parigi, frequentavo la gigantesca Chinatown del XIII arrondissement, dissimulata dentro quella che all'epoca era considerata una banlieue, brutta e anonima. A Milano nei primi anni Novanta, quando ero vicedirettore del «Sole-24 Ore», avevo l'ufficio vicino a via Paolo Sarpi, che è la sede storica di una delle più vaste comunità cinesi d'Italia. Poi, sedici anni fa, andai a vivere a San Francisco, casa mia era a un quarto d'ora a piedi dalla più antica Chinatown degli Stati Uniti, nata nel 1848. Altre ne esplorai in Estremo Oriente, da Saigon in Vietnam a Giacarta in Indonesia. Per finire con New York, dove la Chinatown di Manhattan ha ormai fagocitato i quartieri limitrofi come Little Italy, e resiste impavida alla «gentrification»: è l'unica zona centrale dove continuano a trovare alloggio anche gli immigrati poveri.

Penso alle Chinatown perché sono un modello di... mancata integrazione. Proprio così. Gli immigrati dalla Cina, una diaspora di 90 milioni di persone, in qualsiasi parte del mondo vadano a finire tendono a non integrarsi. Ancora oggi, se vi addentrate nelle Chinatown di San Francisco e New York, finite in un mondo separato da frontiere invisibili, autoreferenziale. Gli anziani parlano mandarino o cantonese. I genitori mandano i figli in classi che adottano i programmi scolastici cinesi per preservare la cultura d'origine. Pullulano le scuole confuciane e i corsi di tai chi. I negozi hanno insegne in ideogrammi. Le bancarelle sono identiche a un mercato di Pechino, Shanghai, Guangzhou o Chengdu.

All'origine, molte Chinatown erano controllate dalle loro mafie, le Triadi, che gestivano il gioco d'azzardo e la prostituzione. Lo Stato di diritto, americano o francese o italiano, ha faticato molto per fare rispettare le sue regole. Tuttora vi si scoprono aree d'illegalità economica, officine clandestine dove si sfrutta lavoro nero, senza rispetto dei minimi salariali o delle regole sanitarie.

Chi ha studiato la storia di queste Chinatown sa che il problema dell'integrazione ha due ragioni. Ci furono all'inizio delle politiche discriminatorie: in America i cinesi arrivarono dopo l'abolizione dello schiavismo, erano manodopera a buon mercato per costruire la ferrovia intercontinentale, subivano un razzismo spaventoso. La loro chiusura a riccio era anche un'autodifesa. Poi è subentrata un'altra causa. Ondate successive di immigrati dalla Cina arrivano convinti di appartenere a una civiltà antica di cinquemila anni, per certi versi superiore alla nostra. Sono fieri delle loro radici, coltivano lingua e costumi, non sentono alcun bisogno di mescolarsi a noi. L'integrazione avviene lentamente, dalla terza o quarta generazione, quando crescono i matrimoni interetnici.

E tuttavia, per quanto tante Chinatown del mondo restino introverse e autosufficienti, non sprigionano violenza antioccidentale. Anche se non desiderano integrarsi con noi, e mantengono i rapporti col paese ospitante su un piano di pura transazione economica, non hanno un'ideologia del vittimismo, del rancore antioccidentale, della recriminazione, non rimuginano antichi conti da saldare, torti subiti nel corso della storia. Non cercano risarcimenti né tantomeno vendette violente. Si accontentano di competere, e generalmente con successo (anche se, talvolta, barando sulle regole).

L'integrazione riuscita o mancata, dunque, non è una chiave interpretativa della tragedia che viviamo. Di fronte alla violenza islamista, continuare a discutere di quel che «noi» avremmo dovuto fare per integrarli è un falso problema, è ancora una volta il riflesso di una pigrizia intellettuale *politically correct*. Ci sono altre comunità d'immigrati che mantengono degli universi di valori separati dai nostri. Ma in quei mondi non ha mai attecchito un'ideologia stragista. Il problema, dunque, è quell'ideologia.

Donald Trump propone di «schedare i musulmani d'America». Già fatto. L'idea fu applicata da George W. Bush dopo l'11 settembre 2001. Ben 85.000 maschi adulti di religione islamica finirono su un registro speciale nel 2002. Fu abolito già nel 2003 dopo le proteste dei movimenti per i diritti civili. Nessun terrorista venne catturato con quella schedatura di massa.

Ma l'America nella sua storia ha fatto cose peggiori. Molto prima, il nemico furono gli immigrati nippo-americani. Una storia infame: l'internamento in campi di prigionia di molti cittadini Usa di origine giapponese durante la seconda guerra mondiale sotto l'amministrazione di un presidente progressista, Franklin Roosevelt. Prevalse la paura che fossero spie del nemico e sabotatori. Molti di loro avevano figli che combattevano al fronte con la divisa degli Stati Uniti. Anche gli italo-americani subirono abusi simili durante la guerra.

Lo ricordo per vaccinare chi legge contro uno stereotipo persistente: l'idea che l'America sia «da sempre una nazione d'immigrati». Falso. Per gran parte della sua storia è stata una nazione razzista e ha imposto pesanti limiti all'arrivo dei non anglosassoni. Gli italiani che nell'Ottocento e nel primo Novecento attraversavano l'Atlantico in terza classe sui piroscafi e arrivavano nell'isola della quarantena, Ellis Island, non venivano schedati come «bianchi». L'America di oggi, la società multietnica più avanzata del mondo, è frutto di riforme sull'immigrazione varate solo a metà degli anni Sessanta, per la precisione dal presidente Lyndon Johnson. Il risultato è esemplare: non si spiega la vitalità degli Stati Uniti di oggi – non solo in campo economico, ma culturale, scientifico – senza il contributo degli stranieri. Che rapidamente diventano americani a pieno titolo (come me). È una fabbrica di cittadini.

I musulmani d'America, con eccezioni limitate, si sentono anzitutto americani. Questo non esclude affatto che spuntino anche qui i «lupi solitari» (come gli autori delle stragi di Boston, San Bernardino, Orlando), però è diverso il clima che si respira nelle comunità di musulmani immigrati in America. Si riconoscono nei valori degli Stati Uniti più di quanto ciò accada ai nordafricani in Francia e in Belgio, ai turchi in Germania. Perché? Una ragione sta nel contratto sociale che si accetta per diventare americani. Cinque anni di Green Card, poi passi l'esame fatto di due prove. Devi parlare inglese. Devi conoscere la Costituzione. Il messaggio è chiaro: sei ben accetto se rispetti le regole; diventare cittadino vuol dire acquisire molti doveri, insieme con i diritti. Dietro c'è un altro messaggio implicito, la sintesi del contratto sociale americano. Chi arriva qui conosce già il patto, lo ha introiettato dalla partenza: questa è una nazione dove puoi avere successo, ti si offrono delle opportunità; se ce la farai, sarà merito tuo, del tuo talento e dei tuoi sforzi; se invece non ce la fai, devi prendertela con te stesso, non dare la colpa alla società, al sistema; non aspettarti aiuti dallo Stato. Qui lo Stato di aiuti ne dà pochi anche agli americani.

Può piacere o non piacere, ma questo contratto sociale genera fra gli immigrati d'America una cultura diversa da quella che si respira in alcune comunità islamiche d'Europa. Quando le cose vanno male, per tanti immigrati musulmani in Europa la colpa è sempre di qualcun altro: la Francia, l'America, l'Occidente, la colonizzazione. Questa è la narrazione che condanna una parte dei popoli nordafricani, arabi, mediorientali. Perché deresponsabilizza anche certi moderati avversi alla violenza.

La storia del nostro tempo registrerà come eventi formidabili il decollo della Cina e dell'India. La classe dirigente indiana, che ne avrebbe avuto tante ragioni (l'India è stata la più grande nazione posseduta e sfruttata da una potenza imperiale d'Occidente), non ha mai usato la rendita politica del rancore anticoloniale. È grazie allo sviluppo delle due nazioni più popolose del pianeta che le frontiere della miseria sono arretrate in modo sostanziale. Prima ancora che il mondo fosse sconvolto dal decollo economico di Cindia, c'erano stati altri «miracoli» economici in quella parte dell'Asia. Sono storie molto diverse tra loro, ma con due elementi in comune: primo, tutti quei paesi cominciarono da una situazione di povertà molto peggiore rispetto al Nordafrica e al Medio Oriente; secondo, in nessuno di quei paesi le classi dirigenti hanno instillato e manipolato una cultura del vittimismo e del rancore, o la pretesa di risarcimenti.

Il Giappone subì, unica nazione al mondo, l'Olocausto nucleare con le due bombe atomiche su Hiroshima e Nagasaki; ripartì dopo la seconda guerra mondiale da un livello di distruzione senza eguali al mondo; tuttavia, non è mai prevalso l'antiamericanismo come valvola di sfogo per i problemi interni. La Corea del Sud negli anni Cinquanta era molto più povera dell'Egitto e della Siria, dell'Algeria e dell'Iraq. L'ex segretario delle Nazioni Unite, Ban Ki-moon, quando era bambino in Corea viveva in un campo profughi; fu in grado di studiare solo perché – ironia della sorte – l'Alto Commissariato Onu per i rifugiati procurava manuali scolastici. Oggi la Corea del Sud per noi è sinonimo di Samsung e Hyundai. È una nazione tra le più avanzate tecnologicamente.

Cina e India sono agli antipodi, la prima è governata da una tecnocrazia comunista che mescola autoritarismo e capitalismo, la seconda è la più vasta, caotica e turbolenta democrazia del mondo. Né l'una né l'altra hanno risolto tutti i loro problemi, che sono enormi. Però hanno classi dirigenti che hanno voluto voltare pagina rispetto al passato, prendere in mano il proprio futuro, gareggiare con l'Occidente, non trasformarlo in capro espiatorio.

Il Medio Oriente partiva da condizioni migliori; perché non ha imboccato la traiettoria della Corea del

Sud né ha saputo emulare Cindia o l'Indonesia o Singapore? Perché le sue classi dirigenti hanno sperperato risorse immense, hanno sprecato occasioni storiche; salvo distrarre l'attenzione dai loro fallimenti per addossarli ad altri. Alcune dittature militari come Nasser in Egitto e Gheddafi in Libia, alcune rivoluzioni socialiste come quella algerina, fecero sperare in una via araba verso la modernizzazione. Era possibile, visto che ce l'hanno fatta paesi che partivano da condizioni molto peggiori. L'aggancio con lo sviluppo è stato un fallimento perché le classi dirigenti nordafricane, arabe e mediorientali hanno rapidamente preferito la strada della corruzione, dell'arricchimento personale, del saccheggio di risorse. E sì che di risorse ne avevano tante: basti pensare che il primo shock petrolifero – un immenso spostamento redistributivo di ricchezza da Nord a Sud, dai paesi sviluppati verso il mondo arabo – risale al 1973-74. Poi ci fu il secondo shock petrolifero, un altro poderoso rialzo dei prezzi, proprio in coincidenza con la rivoluzione khomeinista in Iran alla fine degli anni Settanta.

Poteva essere l'inizio di un lungo boom economico in tutto il Medio Oriente. Invece è stato l'inizio di una grande rapina, perpetrata anzitutto dai loro dirigenti. Ma la narrazione dominante – in quei paesi così come fra tanti intellettuali occidentali – è che tutto è accaduto sempre e comunque per colpa «nostra». Magari per via del petrolio e della nostra avidità energetica, altro passe-partout con cui si spiega tutto. Davvero? Se fossimo così onnipotenti, noi occidentali, avremmo dovuto determinare altrettanti fallimenti in Indonesia e magari pure in Messico o in Brasile. C'è tanto petrolio in Messico e in Brasile. Anche lì in passato l'imperialismo Usa fece un bel po' di porcherie. Non esiste, tuttavia, sul mercato politico latinoamericano un'ideologia della vendetta terrorista, non abbiamo kamikaze brasiliani che si fanno esplodere a New York. L'Indonesia, la più grande nazione del mondo con una maggioranza islamica tra i suoi abitanti, e tanto petrolio, è stata anch'essa vittima di intrighi americani fino a qualche decennio fa. Oggi è una grande democrazia e non esporta attentati terroristici sul suolo europeo.

Insieme al petrolio, l'altra spiegazione facile chiama in causa Israele e la Palestina. Anzi, chiamava. Per decenni, al fine di distogliere l'attenzione dalla loro incapacità di guidare lo sviluppo, i dirigenti dei paesi arabi hanno rinfacciato all'Occidente (soprattutto all'America) l'appoggio a Israele. La questione palestinese era una ferita aperta, così terribile da giustificare l'odio antioccidentale in vaste popolazioni di quell'area. Oggi se ne parla meno. Perché nel frattempo una parte dei palestinesi, dopo avere liquidato alcune classi dirigenti incapaci e corrotte, si sono affidati al movimento Hezbollah alleato con l'Iran, potenza sciita. Poiché l'avanguardia jihadista, da al-Qaeda all'Isis, è sunnita e odia gli sciiti, la nobile causa palestinese ha smesso di interessarli. Era stata un pretesto anche prima, per tanti leader arabi ansiosi di distogliere l'attenzione dal loro bilancio di governo. D'incanto, se si esaminano i documenti della propaganda jihadista, è sparito ogni riferimento alla tragedia del popolo palestinese.

Addebitare il disastro mediorientale a forze esterne, in particolare all'Occidente, è un atteggiamento che gli psicologi definirebbero «adolescenziale»: tipico di chi non si sente adulto e responsabile della propria vita. (Altro discorso è quando sono le nostre élite, perlopiù progressiste, a intonare il *mea culpa* di fronte a ogni tragedia che accade in Medio Oriente. Dietro c'è una forma di occidentocentrismo, la convinzione che siamo sempre noi la causa di tutto, l'illusione che siamo ancora l'ombelico del mondo.) Un'altra manifestazione di quella pericolosa immaturità di massa è il negazionismo, la teoria del complotto permanente. Di queste sindromi il mondo islamico non ha certo il monopolio. Vivendo in America sono esposto quotidianamente alle dietrologie estreme che possono attecchire nella cultura popolare, almeno in alcuni segmenti della popolazione. Un esempio classico è la falsa leggenda di Barack Obama nato in Kenya (quindi ineleggibile, un usurpatore alla Casa Bianca) nonché musulmano: nata in ambienti di estrema destra, cavalcata da Donald Trump già nella campagna elettorale del 2012, continua ad avere un robusto seguito sui social media. E naturalmente suscita l'ilarità o lo sgomento dell'intellighenzia progressista.

Ma non vi è altrettanto sgomento di fronte alla paranoia informativa che domina il mondo islamico, anche quello moderato. L'11 settembre 2001 per molti nordafricani e arabi resta, tuttora, un «complotto sionista» o un «attentato orchestrato dalla Cia» per gettare il discredito sull'Islam. Più volte, di fronte a stragi compiute dagli islamisti, è scattato nel mondo arabo il riflesso di additare contraddizioni nelle versioni ufficiali dell'Occidente, e quindi di imboccare la pista dei nostri servizi segreti come veri mandanti. Tutto questo farneticare prescinde dal fatto che gli stessi attentati vengano rivendicati apertamente da al-Qaeda o dall'Isis.

Analizzando queste forme di negazionismo, questa rappresentazione paranoica della realtà, un intellettuale egiziano rifugiato in Germania, Hamed Abdel-Samad, figlio di un noto imam sunnita, ha coniato il termine di «islamo-fascismo» (è il titolo di un suo saggio del 2014, pubblicato prima in tedesco e poi tradotto in molte altre lingue). Abdel-Samad cita un passaggio dai *Cinque scritti morali* di Umberto Eco, dove il filosofo e semiologo italiano individuava nei sentimenti di massa di «abiezione e degrado» un carattere del fascismo emergente, i cui sostenitori si sentono costantemente perseguitati, si rifugiano nella retorica vittimista, esagerano la forza dei loro nemici. Questa sindrome è una delle ragioni che spingono Abdel-Samad a esplorare le analogie tra islamismo e fascismo.

La ricerca di un responsabile che è sempre «altro, altrove»; la sistematica capacità delle classi dirigenti locali di dirottare l'attenzione verso le colpe dell'Occidente; un sentimento di umiliazione diffusa perché tante parti del mondo ex coloniale sono riuscite a svilupparsi ma loro no; l'immenso spreco di risorse che dagli anni Settanta in poi ha condannato intere generazioni di musulmani a essere spettatori impoveriti mentre tanti indiani e cinesi godevano di un boom, benessere e aspettative crescenti. Tutti questi sono problemi di massa che investono ampia parte del mondo islamico, non solo i jihadisti. Perciò è «dentro» il mondo islamico, non in quello buddista o induista, che oggi c'è l'humus ideale per i terroristi. Non a caso, quasi sempre dei ventenni, reduci da fallimenti personali, dai quali cercano un riscatto assurdo: la vendetta sanguinosa, la cultura nichilista della morte.

Dopo ogni attentato terroristico, passato il lutto e la breve solidarietà coi familiari delle vittime, scatta in molte élite occidentali la controreazione: il vero pericolo è l'islamofobia. Si obietta, non a torto, che qui in America uccide più esseri umani la polizia che non il terrorismo islamico. Se poi si parla dell'ecatombe provocata dalla diffusione di armi da fuoco, gli attentati islamisti appaiono certamente meno cruenti. O, ancora, uno strumento «innocuo» come l'automobile fa più vittime negli incidenti stradali, e non per questo ci sentiamo spaventati ogni volta che si avvicina il rumore di un motore, né guardiamo con sospetto tutti gli automobilisti.

Ma la matematica non cura la paura. L'angoscia provocata dal terrorismo è di una natura diversa dalla probabilità statistica di morirne. E per una ragione molto semplice, banale: il terrorismo nasce proprio per quello, chi lo pratica vuole terrorizzarci, per l'appunto. Il suo linguaggio, le sue tecniche, la scelta delle vittime e dei luoghi, tutto converge per amplificare il senso di vulnerabilità collettiva nelle comunità colpite. È sempre stato così, nelle varianti storiche del terrorismo. Non è un caso se il singolo gesto di un terrorista, l'uccisione dell'arciduca d'Austria nel 1914 a Sarajevo, fu la scintilla capace di trascinare l'Europa nella prima guerra mondiale, che avrebbe determinato la caduta di tre imperi e lo sconvolgimento delle carte geografiche. Dunque, non ha senso colpevolizzare noi stessi se il terrorismo ci fa paura: è la sua natura.

Il peggio del terrorismo recente, noi europei lo subimmo negli anni Settanta e Ottanta. Ci furono molti più morti negli attentati di allora, rispetto all'era contemporanea. Quanto agli Stati Uniti, con due eccezioni importanti nel 1995 e nel 2001, hanno sempre avuto e continuano ad avere poche vittime di attentati terroristici. Il senso d'insicurezza che ci avvolge oggi per gli attacchi jihadisti, l'allarme Isis che domina il discorso politico e mediatico, sono dunque un'illusione ottica? Non proprio. C'è almeno una ragione vera dietro l'ansia del nostro tempo: la minaccia del terrore oggi viene prevalentemente da una matrice sola, quella islamista. Non era così in passato, quando la galassia terrorista era molto variegata per sigle e ispirazioni ideologiche (più politiche che religiose).

Una rievocazione dei nostri anni di piombo, così come viene tratteggiata in poche righe sulla rivista americana «The Atlantic», aiuta sia a rinfrescarci la memoria sia a capire alcune distinzioni importanti. «La Francia e il resto dell'Europa» si legge «hanno già conosciuto questa sindrome da stato d'assedio. Ci fu un'epoca in cui comunisti, nazionalisti, anarchici, islamisti e criminali internazionali misero a soqquadro il continente.»

Se si eccettua l'imprecisa definizione di «comunisti» per le nostre Brigate rosse, comprensibile in un giornale americano (effettivamente le Br si autodefinivano tali), «The Atlantic» si riferisce a fatti di cronaca come l'attacco dei terroristi palestinesi alle Olimpiadi di Monaco nel 1972, dove furono uccisi 11 atleti israeliani; l'uccisione di Aldo Moro, degli uomini della sua scorta, e tanti altri omicidi «politici» che lasciarono una lunga scia di sangue nell'Italia degli anni Settanta e Ottanta; le analoghe scorribande mortali dei terroristi di estrema sinistra in Francia (Action

Directe) e in Germania (Rote Armee Fraktion, detta anche «banda Baader-Meinhof»); i vari attentati di origine mediorientale in Francia negli anni Ottanta; le guerre civili larvate, con metodi da guerriglia stragista contro bersagli civili, combattute dall'Ira irlandese (cattolica) nel Regno Unito e dai separatisti (laici) dell'Eta nei Paesi Baschi.

Poiché la memoria personale non è «oggettiva», che cosa ci dicono i dati, sulla pericolosità delle varie forme di terrorismo? Una delle fonti più citate è il Global Terrorism Database della University of Maryland. Tiene un registro delle morti per terrorismo dal 1970 al 2015. I picchi, gli anni con il più alto bilancio di vittime, furono il 1988 (un singolo attentato al volo PanAm su Lockerbie fece 270 morti), il 1980, il 1974, il 1972. Questi sono gli unici quattro anni in cui l'Europa occidentale perse più di 400 vite per terrorismo. Anche se il 2015 e il 2016 sono stati segnati da una recrudescenza di attentati e stragi in Europa occidentale – in particolare Parigi, Bruxelles e Nizza –, tuttavia il numero di vittime è meno della metà rispetto a quelle punte massime degli anni Settanta e Ottanta.

I terrorismi «nazionalisti e religiosi» di allora (che includono Eta, Ira, Hezbollah e altre formazioni mediorientali), più quelli di marca politica (Br, Prima linea, Raf, Action Directe), provocarono molti più morti dei jihadisti di oggi che si richiamano all'Isis. In compenso, questi ultimi hanno il quasi monopolio del terrore, mentre negli anni del rapimento Moro (1978) e della bomba alla stazione di Bologna (1980), della strage di Fiumicino o del dirottamento dell'*Achille Lauro* (1985), le «strategie della tensione» erano molteplici e diversificate nelle loro matrici ideologiche.

Il quadro cambia solo parzialmente se si includono gli Stati Uniti. Le statistiche americane hanno due impennate tragiche e anomale, nel 1995 per la strage compiuta dall'estremista di destra Timothy McVeigh a Oklahoma City (168 morti) e nel 2001 con gli attacchi dell'11 settembre (3000 morti). Se si escludono quei due eventi, dagli anni Settanta fino ai nostri giorni i bilanci di attentati terroristici sul suolo Usa sono sempre rimasti al di sotto dei 50 morti all'anno. Il peggioramento di percezione del 2015 e 2016, che ha condizionato anche i temi della campagna elettorale americana, corrisponde a un'effettiva recrudescenza di attentati (San Bernardino, Orlando), ma non paragonabile ai peggiori precedenti.

Il quadro cambia se si allarga lo sguardo al resto del mondo. Le stragi in Occidente diventano a malapena percepibili, rispetto a un bilancio di morti che sale a decine di migliaia ogni anno ed è concentrato in modo smisurato in sei paesi: Afghanistan, Iraq, Nigeria, Pakistan, Siria, Yemen. La matrice del terrorismo in quei paesi è islamista. E anche questo concorre alla percezione nuova che ne abbiamo.

I più lucidi intellettuali arabi e nordafricani ormai avvertono proprio questo: non è più accettabile, di fronte alla violenza, il classico discorso che distingue la maggioranza degli islamici moderati da una minuscola minoranza di terroristi; come se non vi fosse alcun collegamento tra i due mondi. Il collegamento c'è, non vederlo è un grave errore.

Lo dice chiaramente lo scrittore Tahar Ben Jelloun, nella «lettera aperta ai musulmani» dell'estate 2016. Ecco il suo passaggio chiave:

Dopo i massacri del 13 novembre a Parigi, la strage di Nizza e altri crimini individuali, siamo tutti chiamati a reagire: la comunità musulmana dei praticanti e di chi non lo è, voi ed io, i nostri figli, i nostri vicini. Non basta insorgere verbalmente, indignarsi ancora una volta e ripetere che «questo non è l'Islam». Non è più sufficiente, e sempre più spesso non siamo creduti quando diciamo che l'Islam è una religione di pace e di tolleranza. Non possiamo più salvare l'Islam – o piuttosto – se vogliamo ristabilirlo nella sua verità e nella sua storia, dimostrare che l'Islam non è sgozzare un sacerdote, allora dobbiamo scendere in massa nelle piazze e unirci attorno a uno stesso messaggio: liberiamo l'Islam dalle grinfie di Daesh [*un altro nome dell'Isis*]. Abbiamo paura perché proviamo rabbia. Ma la nostra rabbia è l'inizio di una resistenza, anzi di un cambiamento radicale di ciò che l'Islam è in Europa.

Se l'Europa ci ha accolti, è perché aveva bisogno della nostra forza lavoro. Se nel 1975 la Francia ha deciso il ricongiungimento famigliare, lo ha fatto per dare un volto umano all'immigrazione. Perciò dobbiamo adattarci al diritto e alle leggi della Repubblica. Rinunciare a tutti i segni provocatori di appartenenza alla religione di Maometto. Non abbiamo bisogno di obbligare le nostre donne a coprirsi come fantasmi neri che per strada spaventano i bambini. Non abbiamo il diritto di impedire a un medico di auscultare una donna musulmana, né di pretendere piscine per sole donne. Così come non abbiamo il diritto di lasciar fare questi criminali, se decidono che la loro vita non ha più importanza e la offrono a Daesh.

Non solo: dobbiamo denunciare chi tra noi è tentato da questa criminale avventura. Non è delazione, ma al contrario un atto di coraggio, per garantire la sicurezza a tutti. Sapete bene che in ogni massacro si contano

> tra le vittime musulmani innocenti. Dobbiamo essere vigilanti a 360 gradi. Perciò è necessario che le istanze religiose si muovano e facciano appello a milioni di cittadini appartenenti alla casa dell'Islam, credenti o meno, perché scendano nelle piazze per denunciare a voce alta questo nemico, per dire che chi sgozza un prete fa scorrere il sangue dell'innocente sul volto dell'Islam.
>
> Se continuiamo a guardare passivamente ciò che si sta tramando davanti a noi, presto o tardi saremo complici di questi assassini.

In quella lettera aperta, Tahar Ben Jelloun ha sollevato un problema di responsabilità dell'Islam moderato, che spesso gli stessi intellettuali occidentali preferiscono evitare: per non essere accusati di islamofobia e razzismo. Le élite *politically correct* sono più timide, su questo terreno, di alcuni opinionisti che vengono dal mondo musulmano, e ne vedono lucidamente i pericoli.

Il tema indicato da Tahar Ben Jelloun si pone ogni volta che nei nostri paesi le comunità islamiche scendono in piazza per manifestare contro il terrorismo, cosa che per fortuna sta accadendo più spesso di una volta. Il loro ruolo sarà cruciale in questa sfida. Bisogna che queste mobilitazioni siano permanenti, possibilmente coinvolgendo numeri più vasti (finora la partecipazione è stata modesta). È anche opportuno che l'azione per estirpare l'ideologia jihadista si sviluppi in profondità, fino alle radici di questo virus. È giusto, in prima istanza, lo slogan «Not in my name» usato in Francia e altrove dai manifestanti musulmani contro il jihadismo. «Non in nome mio» significa che i terroristi non devono appropriarsi dell'Islam, uccidere nel nome di una religione che non li giustifica affatto, una religione praticata peraltro da una maggioranza di non violenti.

Ma dopo i cortei, una volta che si torna a casa, in famiglia e nelle moschee, il passaggio successivo esige che le comunità islamiche aprano una riflessione e una discussione su un altro tema: «Why in my name?». Perché nel mio nome? Perché i terroristi si chiamano Stato Islamico, perché il loro richiamo è proprio a quella religione? Rispondere a questo non chiama in causa solo gli esegeti, le autorità religiose o gli storici. Chiedersi «perché nel mio nome» significa affrontare le zone di contiguità fra i jihadisti e una parte dell'Islam moderato, non violento e pacifico, proprio come fa Ben Jelloun.

Il vittimismo storico che ho descritto non sfocia necessariamente nel culto della violenza; però è il terreno ideale su cui possono attecchire le ideologie dei terroristi, che in qualche modo portano fino alle conseguenze estreme quella rappresentazione del mondo: con la vendetta finale. Perciò l'ideologia jihadista può far presa su certi giovani non perché siano vittime di degrado economico-sociale, di razzismi o discriminazioni; ma perché vi sono stati culturalmente «preparati». In questo il ruolo delle comunità islamiche diventa cruciale e prezioso: per cambiare la narrazione generale. Un compito altrettanto importante tocca a noi, nell'incalzarli. Il riflesso automatico di tante élite occidentali, che dopo ogni strage si affrettano a rassicurare le comunità islamiche – «voi non c'entrate, lo sappiamo» –, ha ritardato una presa di coscienza, un chiarimento, una dolorosa ma urgente opera di revisione dei valori e della visione del mondo in quelle comunità.

Uno stupido divieto di alcuni sindaci francesi contro il burkini – giustamente bocciato dal Consiglio di Stato in quel paese – scatena molti più editorialisti indignati di quanti scrivano sul pericolo islamista. L'estate del burkini è stata vissuta come un'ennesima conferma del terribile trattamento che i francesi infliggono ai musulmani. È stata in realtà una conferma dell'asimmetria delle élite. C'è un esercito di opinionisti molto suscettibili, pronti a denunciare il minimo segnale d'islamofobia; insensibili, invece, quando alcuni comportamenti nelle comunità islamiche segnalano un rifiuto dell'integrazione.

È una delle differenze tra l'immigrazione in America e in Europa. A New York o in un'altra metropoli degli Stati Uniti è meno frequente vedere delle donne islamiche con il volto coperto. Cosa che invece accade sempre di più in certi quartieri di Parigi o Bruxelles, Berlino o Colonia. Lo considero un segnale d'integrazione, a conferma del fatto che gli islamici qui si sentono prima di tutto americani. C'è un'eccezione. I campus universitari. Più che nei quartieri d'immigrati, è nelle università che succede anche qui in America di vedere qualche ragazza col velo. È un gesto di sfida, di rivendicazione di un'identità culturale che non si vuole «piegare» all'egemonia dell'Occidente. E questo è un problema, se perfino un simbolo esterno della discriminazione verso le donne diventa una bandiera da esibire con orgoglio, addirittura con una punta di multiculturalismo progressista. Il velo è di sinistra?

Nel suo libro *Prigionieri dell'islam* (Rizzoli 2016), Lilli Gruber, che nelle sue «vite precedenti» è stata anche inviata in Medio Oriente, reagisce con insofferenza alle donne saudite che si considerano «privilegiate»... e hanno la metà dei diritti di noi uomini. Si dice preoccupata «dal silenzio delle femministe occidentali subito dopo i fatti di Colonia» (le molestie sessuali perpetrate nei confronti delle donne di quella città, nella notte di Capodanno, prevalentemente da immigrati mediorientali), o per «la difficoltà delle islamiche cosiddette moderate di far sentire la propria voce contro l'interpretazione retrograda del Corano». Sempre la Gruber cita, sui fatti di Colonia, questo passaggio della sociologa turca Nilüfer Göle: «L'Islam ... nel giro di un paio di decenni si è trasformato da una questione meramente teologica a una visione del mondo che incide (e chiede di incidere) nella nostra vita quotidiana. ... mette in discussione abitudini nonché valori che credevamo acquisiti. Come la libertà d'espressione, di culto e tolleranza.

Torno alla mia America. Ho sempre consigliato ai turisti italiani di visitare il museo dell'immigrazione a Ellis Island, un viaggio istruttivo nella storia dei flussi di disperati che arrivavano qui. In genere lo consiglio come un vaccino contro le tentazioni xenofobe. Ma c'è qualcos'altro che oggi dobbiamo imparare da quelle foto, da quegli archivi, da quei ricordi di tragedie che hanno traversato l'Ottocento e il Novecento. È qualcosa di sgradevole, non è *politically correct*. Ma bisogna pur ricordare che i nostri bisnonni, nonni o genitori, quando approdavano qui, erano convinti di aver messo piede in una civiltà più progredita. Avevano mille nostalgie struggenti, un amore infinito per la propria terra d'origine. Conservavano delle incrostazioni di valori premoderni, arcaici, oppressivi. Basti pensare alla cultura mafiosa. Ma la rappresentazione prevalente che si facevano era questa: bisognava adottare le regole e i valori della società nuova. Come lo Stato di diritto.

Quest'accettazione del fatto che esistono gerarchie, valori universali, e quindi culture arretrate da cui ci si deve emancipare, ha funzionato anche per gli immigrati islamici qui in America, a stragrande maggioranza. Dove non funziona più si afferma la narrazione opposta: secondo cui l'Islam è moralmente superiore, non ha nulla da imparare, anzi, deve evitare ogni contaminazione con un Occidente privo di valori. Questo rende certi flussi migratori di oggi molto più problematici che in passato. Non riconoscerlo è il miglior regalo che si può fare ai populismi xenofobi del mondo intero.

II

Regole per integrare gli stranieri

Si apre la porta scorrevole automatica e all'ingresso dello scompartimento appare il controllore delle ferrovie. Fa un inchino prolungato, si presenta a noi passeggeri con un saluto elaborato (che naturalmente non capisco). Poi passa a verificare i nostri biglietti, prendendoli con le mani giunte, che indossano guanti bianchi, immacolati. Sto viaggiando su un convoglio per pendolari giapponesi, un trenino regionale da Nagoya a Toba. Prima di arrivare a destinazione vedo ripetersi venti volte la scena: a ogni passaggio, il controllore rispettosamente ci omaggia del suo inchino. Di treni come questo mi tocca prenderne tre, per spostarmi dall'aeroporto internazionale di Chubu alla mia meta finale, Ise-Shima.

Il silenzio dei viaggi è assordante. Tutti i passeggeri sono muniti di smartphone (ovviamente: siamo in Giappone!), tutti hanno lo sguardo incollato sullo schermo del cellulare. Eppure non uno, lo giuro, non uno avrà mai una conversazione in treno, per tutta la durata dei miei tragitti. Cortesia, pudore maniacale, rispetto degli altri. Sono l'unico il cui telefonino squilla, un paio di volte, per chiamate dall'Italia a cui devo rispondere, e fuggo in un angolo del corridoio per non esibirmi in questo comportamento osceno. Mi sento un selvaggio, in confronto a loro.

Viaggiare al seguito di Barack Obama – in questo caso per il vertice G7 e la storica visita del presidente a Hiroshima – mi offre anche il privilegio di tornare regolarmente in Estremo Oriente, di rivedere luoghi dove ho vissuto e lavorato per anni. Il Giappone lo ritrovo sempre identico a se stesso. E ogni volta è un piccolo shock culturale. Quando abitavo in Cina, per me il Giappone era una specie di «polo opposto» dell'esperienza umana. Lasciavo i cinesi caciaroni, estroversi, mediamente cafoni, e sbarcavo nel paese del silenzio ossequioso, delle buone maniere all'antica, della pulizia ossessiva, dell'igiene estrema.

Non è cambiato nulla. Il primo contatto con la pulizia nipponica è un taxi: con il coprisedile obbligatoriamente di lino bianco, appena lavato e stirato. Guanti bianchi obbligatori anche per il tassista. Poi c'è ovviamente il bagno pubblico, un'esperienza che solo in Giappone è al tempo stesso rassicurante, rilassante, esilarante. Anche chi non è mai stato in questo paese avrà visto in qualche film i famosi wc con gli spruzzi di acqua calda e sapone incorporati, getti precisi indirizzati alle parti intime. Noi italiani andiamo giustamente fieri del bidet, una conquista per l'igiene personale, ma i giapponesi ci surclassano con questa specie di Jacuzzi-toilette. Continuo a non capire perché si esporti così poco nel resto del mondo.

La cortesia, la buona educazione, il rispetto delle regole, l'efficienza non si sposano necessariamente con il cosmopolitismo. Anzi, per certi aspetti il Giappone ha preservato il galateo antico, l'ordine pubblico, il senso del dovere in modo inversamente proporzionale all'influenza straniera che è rimasta ben controllata: è l'isola più... insulare che ci sia. Al mio primo arrivo allo scalo di Chubu vengo accolto da schiere di giovani volontarie mobilitate per il G7. Studentesse universitarie, hanno dovuto indossare un costume tradizionale. Inchini a non finire, sorrisi, borse di plastica piene di souvenir e dépliant promozionali per il turismo nella regione. Ma il loro inglese è stentato, quasi incomprensibile. Le ferrovie – pulitissime, puntuali, veloci – sembrano non contemplare viaggiatori stranieri. La maggior parte della toponomastica è in caratteri nipponici. Gli impiegati non parlano inglese e ogni adulto occidentale si sente come Bill Murray nel film *Lost in Translation*.

Rivivo la sorpresa che mi riservò il Giappone la prima volta, decenni fa: sapendolo modernissimo, all'avanguardia tecnologica, e per di più alleato strategico dell'America, lo crediamo «più simile a noi» di altri paesi orientali. Invece no. È come se la modernità e la ricchezza avessero rafforzato uno scudo invisibile per rendere impenetrabile la sua identità. È un paese dove ancora ti senti spaesato, dove l'esotismo regna, grazie alla sua insularità. Ti tratta benissimo, ma non puoi dimenticare la tua diversità neanche per un secondo.

L'incontro più affettuoso che ho avuto? Con un robot, un modello avanzato che veniva esibito all'aeroporto in occasione del G7. Cominciano a sperimentarlo come un sostituto delle colf, delle badanti, perfino delle infermiere in ospedale. Il Giappone è stato il primo paese a conoscere la denatalità e l'invecchiamento demografico. Non volendosi aprire all'immigrazione, investe più di tutti nei robot. Anche a loro è stata insegnata l'arte dell'inchino.

Treno Regionale 2890, Genova-Piacenza, partenza dalla stazione Principe alle ore 12.05. Lo prendo al termine delle mie vacanze d'agosto in Liguria. Un signore anziano, seduto vicino a me, mi racconta il suo mestiere raffinato e antico: è un piastrellista specializzato nell'arte dei mosaici genovesi, quelli che decorano i pavimenti dei palazzi di una volta. Lavora per una ditta che restaura magnifiche case nobiliari, oggi spesso acquistate da ricchi stranieri, nel centro storico di Genova. «Le case si vendono per milioni, ma noi artigiani guadagniamo duemila euro al mese, nonostante che siamo ormai in pochi a padroneggiare quella tecnica.» Lo dice con una sorta di stoica rassegnazione: ama il suo mestiere, anche se è pagato poco. Con il suo stipendio mensile non può permettersi la casa in città, fa il pendolare ogni giorno sulla tratta da Genova a Ronco Scrivia. Questo trenino regionale è la sua seconda casa.

Poco dopo la partenza assistiamo a una scena molto ordinaria. È la caccia all'abusivo. Una caccia condotta con metodi civili, e una pazienza infinita, da parte del controllore di Trenitalia. Un uomo ormai anziano, di esperienza, che deve averne viste di tutti i colori. Non sembra né sorpreso né rassegnato. Sul treno è sparpagliata una popolazione di immigrati africani, perlopiù giovani uomini. Nessuno, proprio nessuno di quelli che vedo io, si è neanche sognato di comprare il biglietto alla stazione di partenza. Quando il controllore li avvicina, mettono in atto una serie di manovre diversive, che lui sembra conoscere a memoria. Fingono di non capire l'italiano, rispondono in un inglese molto approssimativo. Lui non ci casca, a sua volta passa all'inglese, egualmente approssimativo, ma tanto gli basta per eliminare l'alibi della lingua. Spiega e rispiega all'infinito che il biglietto va comprato, altrimenti lui è costretto a farli scendere. Dopo lunghe insistenze si capisce che i soldi ce li hanno, non sono davvero indigenti. Provano a fregarlo comunque, si dicono disposti a comprare un biglietto per la stazione più vicina, la prossima fermata, cioè il costo minimo, anche se probabilmente sono diretti altrove. Lui non ci casca, «guarda che ti vedo se non scendi subito». Ha un accento meridionale, tratta questi giovanotti con un approccio quasi paterno, o forse paternalistico, ma comunque sempre più *soft* di quel che accadrebbe nell'America dove vivo: la versione Usa della stessa scena sarebbe più ruvida, si concluderebbe o con il pagamento immediato di una grossa multa, o con l'arrivo della polizia, le manette, l'arresto. Nella mia New York non ci sarebbero da parte degli addetti al servizio pubblico né la pazienza né la flessibilità per il lungo negoziato in cui si prodiga il ferroviere italiano. Peraltro, che alternativa ha lui? Se chiamasse la polizia ferroviaria, prima che gli agenti arrivino i passeggeri abusivi sarebbero già scomparsi.

Non è la prima volta che assisto a scene di quel genere quando passo per l'Italia. Non sui treni veloci e lussuosi, non sui Frecciarossa. Ma ogni volta che viaggio su un regionale, mi imbatto in immigrati che non hanno il biglietto. E i controllori diventano, in quelle situazioni, gli unici guardiani delle regole, i rappresentanti solitari di un'autorità che dovrebbe farle rispettare. Alcuni si girano dall'altra parte, stufi di dover combattere contro quest'illegalità dilagante. Altri si ostinano a fare il loro mestiere, con alterne fortune. A volte gli abusivi abbozzano e pagano, altre volte sfidano la denuncia e proseguono imperturbabili il loro viaggio a sbafo. Con quale effetto sugli altri passeggeri, quelli che il biglietto lo pagano e osservano in silenzio?

È una scena che mi torna in mente quando in Italia si discute la proposta di impiegare i profughi in modo che «ricambino l'ospitalità» con dei lavori socialmente utili. Un'alternativa al parcheggio senza attività che in passato era tipico di questi rifugiati. La questione dei rifugiati e quella dell'immigrazione economica più tradizionale dominano l'attenzione in molte parti d'Europa e degli Stati Uniti.

Nessuno ha trovato la formula perfetta per governare questo fenomeno in modo indolore. Sappiamo però qual è la formula sbagliata. Se l'immigrazione in generale (profughi o immigrati «economici» poco importa) viene vissuta come una «invasione barbarica» da parte di chi ignora e calpesta le nostre regole; se chi arriva riceve qualche forma di assistenza ma non fa nulla in cambio: questi sono ingredienti perfetti per alimentare le crisi di rigetto. Organizzare qualche forma di attività lavorativa per i profughi trasmette due messaggi importanti. Uno a loro: per chi arriva ci sono dei doveri, non solo dei diritti. Uno alla popolazione ospitante, che vuole sentirsi rassicurata. L'Italia non ha una tradizione esemplare in quanto a rispetto delle regole, neppure da parte dei suoi abitanti. Siamo il paese della mafia, della camorra e della 'ndrangheta; dell'evasione fiscale record; dell'abusivismo edilizio; della corruzione politica; dei furbi e dei raccomandati, dei «figli di qualcuno» che fanno carriera. O, per ritornare nell'ambito dei trasporti pubblici, siamo il paese in cui il metrò della capitale è una giungla, dove squadre di piccole rom borseggiano indisturbate, e dove dei teppisti italianissimi hanno massacrato di botte un passeggero che aveva chiesto loro di non fumare, il tutto sotto lo sguardo indifferente delle pattuglie di militari antiterrorismo. L'aria che si respira non è purissima, non è esemplare il messaggio che ricevono i nuovi arrivati. E il piccolo Far West ferroviario di cui sono stato più volte il testimone indica che tanti stranieri pensano di poterne approfittare. Confermando così pregiudizi e paure da parte nostra, in un circolo vizioso. Ma non è giusto bollare con l'etichetta infamante di «razzista e xenofobo» un italiano che ha paura di veder aumentare ulteriormente il tasso di caos del paese, già elevato.

Non era certo un razzista antimeridionale il grande scrittore siciliano Leonardo Sciascia, quando nel 1961, in un dialogo del suo romanzo *Il giorno della civetta*, inventò la metafora della linea della palma. Cito qui quel celebre passaggio: «Forse tutta l'Italia sta diventando Sicilia... A me è venuta una fantasia, leggendo sui giornali gli scandali di quel governo regionale: gli scienziati dicono che la linea della palma, cioè il clima che è propizio alla vegetazione della palma, viene su, verso il nord, di cinquecento metri, mi pare, ogni anno... La linea della palma... Io invece dico: la linea del caffè ristretto, del caffè concentrato... E sale come l'ago di mercurio di un termometro, questa linea della palma, del caffè forte, degli scandali: su su per l'Italia, ed è già oltre Roma...».

È curioso come oggi quel discorso appaia profetico anche per quel che abbiamo appreso... sul cambiamento climatico. Ma Sciascia si riferiva ad altro, com'è evidente. Nel 1961 quel che lo preoccupava era l'infiltrazione della mafia sempre più a Nord, perché vedeva nel sistema di gerarchie, di valori e di regole dell'organizzazione criminale mafiosa una realtà decisamente peggiore, inferiore, più arretrata e incivile, rispetto a un certo modello sociale che prevaleva al Nord. Non c'è nulla di razzista né di xenofobo nell'osservare che oggi un altro avanzamento della linea della palma porta dentro società nordiche i valori che vengono da un mondo islamico, dal Maghreb o dal Medio Oriente, e che sono più arretrati, meno civili. Non è arrogante né presuntuoso stabilire, per esempio, che il contratto sociale scandinavo è preferibile – perché più equo, solidale, rispettoso – in confronto alle logiche del familismo amorale, del clan, della fedeltà tribale, del patriarcato, della sottomissione al leader, che sono radicate in tante nazioni di religione musulmana. Il discorso *politically correct* imperante da decenni ci proibisce di usare aggettivi come «superiore» e «inferiore». Ma questo è assurdo, perché rinunciando a stabilire gerarchie di valori precipitiamo noi stessi in un baratro d'insicurezza, smarrimento. Finché la vertigine del caos spinge alcuni di noi nelle braccia dei nuovi autocrati, dell'Uomo forte di turno che si affaccia dal balcone e promette di restaurare l'ordine antico.

Rafforzare lo Stato di diritto in ogni angolo del paese e in ogni momento della vita sociale è la priorità se vogliamo evitare un senso di prevaricazione e di abbandono. Eppure, questo non è un principio così radicato come dovrebbe essere. C'è in mezzo a noi, soprattutto nella sinistra e nella tradizione cattolica, una tendenza a sorvolare sul tema dei doveri degli immigrati. Gli avversari parlano di «buonismo», e non sempre hanno torto. Vedere solo il bisogno dello straniero, la sua debolezza, insistere solo e unilateralmente sul nostro dovere umanitario di accoglienza, genera squilibri pericolosi. Se insieme con l'aumento degli stranieri si allarga l'area delle illegalità piccole o grandi, in una parte della popolazione italiana – spesso la parte più debole, quella che vive negli stessi caseggiati degli immigrati, che viaggia sugli stessi treni e autobus – l'immigrazione genera paura. E le reazioni di rigetto sono inevitabili.

È istruttivo guardare l'ultima serie televisiva *Gomorra*. In uno degli episodi il boss camorrista, dal carcere, dà ordini ai suoi di non concedere territorio alle nuove gang venute dall'Africa che si stanno introducendo nel business della droga. Roberto Saviano sa di cosa parla, e non è sospetto di xenofobia. La criminalità che arriva con l'immigrazione è una realtà. Io da turista occasionale in Italia resto colpito quando nel mio girovagare scopro l'estensione della «tratta delle nigeriane», con le prostitute che si offrono in bella vista, seminude, a tutte le ore del giorno e in zone di grande traffico.

Ma le mie veloci impressioni da viaggiatore in transito, o perfino il neorealismo *dark* di Saviano, sono superati dalla realtà quando si scopre un orrore come quello di Borgo Mezzanone, vicino a Foggia, dove si trova il terzo Centro d'accoglienza per richiedenti asilo (Cara) più grande d'Italia. Un reporter dell'«Espresso» che è riuscito a entrarci, Fabrizio Gatti, lo ha descritto come «un modello di immigrazione tutto italiano», dove «tutte le notti i gangster della mafia nigeriana vanno a procurarsi ragazzine africane da far prostituire». In quel centro, racconta Gatti, la polizia non si vede, la forza dell'ordine sono «gli sgherri dei boss nigeriani». Il tutto costa 22.000 euro al giorno al contribuente italiano, e il Cara in provincia di Foggia è gestito da una cooperativa «rossa» della Lega, ancorché il suo capo venga da Comunione e Liberazione. Ce n'è per tutti. L'inferno di Borgo Mezzanone è certamente un caso estremo. La maggioranza degli italiani vive in aree del paese lontane da quel tipo di realtà, e quindi ha una visione meno angosciante del fenomeno dei profughi. Ma la risonanza che hanno avuto quelle rivelazioni dell'«Espresso» è giustificata. Il solo fatto di sapere che qualche pezzo del territorio nazionale è fuori dal controllo dello Stato, che la gestione della sofferenza e dei traumi dei rifugiati è diventata un business cogestito dalla mafia nigeriana in casa nostra, contribuisce a diffondere insicurezza e a generare allarme.

Il buonismo talvolta è un lusso, una prerogativa di classe, uno status symbol. Quello dei ricchi lo avevo vissuto alle origini, quando abitavo a Parigi negli anni Ottanta. Improvvisamente, nel giro di qualche anno la cintura operaia alla periferia parigina smise di votare per il Partito comunista. Fu uno shock: il Pcf era stato per decenni uno dei più forti partiti della sinistra europea, subito dopo il Pci. La classe lavoratrice era passata, quasi in blocco, col Fronte nazionale. La ragione era l'immigrazione. La *gauche caviar* (sinistra al caviale) che abita nei quartieri borghesi del centro storico, il V, VI e VII arrondissement sulla Rive Gauche, era scandalizzata, inorridita, disgustata dall'improvviso «razzismo» degli operai. Chi vive a Saint-Germain-des-Prés incontra arabi e nordafricani, certo, ma li intravede come autisti di autobus, netturbini, camerieri, donne delle pulizie. Gli operai della banlieue di Saint-Denis li hanno come vicini di pianerottolo nelle case popolari e i loro figli condividono le stesse scuole. La differenza di prospettiva sta tutta lì, e non è poca.

Per quale ragione Legge e Ordine sono diventati slogan di destra, mentre le prime vittime dell'illegalità e del disordine sono i ceti popolari, quelli che abitano nelle zone più insicure?

Per noi newyorchesi una sola metropoli al mondo è paragonabile alla nostra. Per dimensioni, varietà, vitalità culturale, ma anche per la vocazione al business e alla finanza, Londra è «la gemella rivale». In America non ci sono città così simili alla Grande Mela: Los Angeles ha tanto sole, mare e cinema; San Francisco è piccina, carina e hi-tech; Washington ruota attorno alla politica.

C'è un'altra somiglianza, chiara dal 23 giugno 2016. La città di Londra ha votato a stragrande maggioranza per rimanere nell'Unione europea. Non ha mai condiviso gli slogan antimmigrati della campagna Brexit. New York è una delle città meno razziste d'America, è stata definita una «città santuario» perché il sindaco Bill de Blasio vi ha realizzato una sua sanatoria di fatto, rilasciando agli immigrati senza permesso di soggiorno una speciale carta d'identità che in qualche modo li regolarizza, e viene accettata dalla polizia locale. Città santuario perché vige una sorta di amnistia preventiva, le forze dell'ordine a New York non danno la caccia ai clandestini come in qualche altra parte d'America (l'Arizona dello sceriffo Joe Arpaio, Maricopa County).

Il paragone tra New York e Londra ha un valore più generale. Analizzando la mappa del voto Brexit in Gran Bretagna, e le roccaforti della destra xenofoba negli Stati Uniti, emerge questo dato: dove gli immigrati sono più numerosi fanno meno paura. Le sacche del risentimento e della xenofobia sono situate in un'America profonda che di stranieri ne ha relativamente pochi. A New York, ma anche a San Francisco e Los Angeles, metropoli multietniche dove noi bianchi siamo ormai minoranza (40 per cento i bianchi definiti «caucasici», di origini europee, esclusi cioè i *latinos*), i flussi migratori non provocano reazioni di rigetto.

Le spiegazioni? La prima è semplice: noi che ne abbiamo così tanti sappiamo apprezzare il ruolo benefico degli immigrati. Sappiamo che senza di loro l'economia di New York o di Londra si fermerebbe: dai ristoranti agli alberghi, dall'edilizia agli ospedali, dai taxi ai servizi di consegna a domicilio. Non solo camerieri o fattorini, ma anche scienziati e medici: gli stranieri ci circondano dalla mattina alla sera, è assurdo pensare di sopravvivere senza di loro.

Inoltre abbiamo avuto la dimostrazione – almeno a New York, di cui posso parlare con certezza – che l'aumento degli immigrati, se ben governato, non fa salire la criminalità. La Grande Mela ne ha assorbiti un milione in più nell'ultimo decennio, e i reati hanno continuato a scendere. Vivo in una città più multietnica e al tempo stesso più sicura di vent'anni fa. Dunque, se li conosci davvero, ti fanno meno paura. New York e Londra hanno elaborato un «software» della convivenza civile, un capitale sociale che fluidifica l'integrazione e riduce il potenziale minaccioso dell'«invasione straniera». Sempre nel rispetto delle regole fondamentali, però. Tornando al parallelo con *Gomorrah* (con l'acca finale nell'edizione americana): i regolamenti di conti fra le gang del narcotraffico avvengono in Messico, non a New York. C'è una norma implicita che la grande criminalità conosce bene: non le conviene attirare l'attenzione su di sé nei luoghi dove le forze dell'ordine, lo Stato, hanno un controllo del territorio e della convivenza civile.

Una variante di questa spiegazione del modello newyorchese allarga lo sguardo alla storia. New York stratifica generazioni successive di immigrati. Un ruolo importante lo ebbero gli ebrei, accorsi qui perché la Germania li sterminava e gran parte d'Europa non li voleva. La comunità ebraica, anche dopo essersi integrata, affermata in termini sia di potere sia di successo economico, non dimentica le proprie origini e il passato. Una delle ragioni per cui New York è politicamente a sinistra, molto liberal, sta nell'orientamento della sua componente *jewish*: respinge la xenofobia anche quando le vittime sono gli altri. Un riflesso simile si è verificato più di recente con gli asiatici. Pur essendo mediamente ricchi (il loro reddito è superiore a quello dei bianchi) gli *asian-american* nel 2012 votarono per Barack Obama con percentuali altissime, inferiori solo ai neri. Nel caso degli asiatici, la ragione è la stessa che per la comunità ebraica: anche se oggi stanno bene, non vogliono dimenticare un passato in cui gli «indesiderati» erano loro.

Come spiegare, invece, il successo di Brexit nella provincia inglese, o di Trump in certe aree degli Stati Uniti che sono ancora molto bianche? Una ragione è semplice. Quelle zone non vogliono diventare più simili a New York e Londra. I provinciali che affluiscono sotto casa mia in vacanza e passeggiano col naso all'insù fra Times Square e il nuovo World Trade Center, vanno la sera a un musical di Broadway, girano in bici a Central Park, alla fine se ne tornano a casa come se fossero stati in un paese straniero: soddisfatti dell'esperienza, ma contenti di ritrovare le loro certezze, le loro sicurezze, i luoghi e i volti familiari. Il caos newyorchese li diverte come un giro sulle montagne russe, eppure non hanno nessuna voglia di viverci, sulle montagne russe. La «seconda transizione demografica», com'è stato definito l'impatto trasformativo delle nuove migrazioni, la vogliono tenere lontana da casa loro. La società multietnica è una conquista faticosa, un equilibrio instabile, una sfida continua per determinare quali valori e quali identità prevarranno nel mix finale. C'è chi si sente sconfitto in partenza, e preferisce alzare il ponte levatoio prima che sia troppo tardi. Le paure sono fondate, non nascono solo da rozza ignoranza, pregiudizi, egoismo e razzismo.

Un grande intellettuale americano colto e raffinato come Samuel Huntington, più noto nel mondo intero per il suo saggio *Lo scontro delle civiltà e il nuovo ordine mondiale*, pochi anni prima di morire ne scrisse un altro sui pericoli legati alle ondate d'immigrazione ispanica. L'editore italiano, Garzanti, preferì dargli un titolo *politically correct* e nel nostro paese il libro è uscito come *La nuova America. Le sfide della società multiculturale*. L'originale aveva un titolo diverso e più inquietante: *Who Are We?*, Chi siamo noi? Avvertiva il rischio che l'ispanizzazione di intere zone degli Stati Uniti segnasse la prevalenza di una cultura familistica, avversa allo Stato di diritto. È un problema che noi italiani conosciamo bene, perché i nostri immigrati all'inizio furono portatori dello stesso tipo di valori sociali.

Le conclusioni di Huntington sono problematiche, indicano una sfida sempre aperta.

«Io credo che una delle maggiori conquiste, se non la maggiore in assoluto, dell'America» scrive l'autore nell'introduzione a quel saggio «sia di essersi trasformata in una società multietnica e multirazziale in cui le persone vengono giudicate per i loro meriti. Io credo che tutto questo sia avvenuto grazie all'impegno delle successive generazioni di americani nei confronti della cultura anglo-protestante e del credo dei padri fondatori. Se quell'impegno verrà mantenuto nel tempo, l'America sarà ancora l'America, anche dopo che i discendenti Wasp (*white anglo-saxon protestant*) dei suoi fondatori saranno diventati una piccola e ininfluente minoranza.»

Gwen, abbreviazione di Gwendolen, è la ragazza di mio figlio Jacopo. Molto carina, deliziosa. Gwen non è newyorchese doc, viene dalla «provincia». È cresciuta vicino a Ferguson, nel Missouri, la cittadina dove due anni fa ebbe inizio la nuova ondata di proteste razziali contro gli abusi della polizia. Gwen fa la ballerina, ha lavorato in uno spettacolo di Beyoncé. Ha un altro merito, per così dire. È la prima afroamericana che è entrata a far parte delle mie frequentazioni assidue e intime. Proprio così. Ci sono voluti più di sedici anni, da quando ci siamo trasferiti negli Stati Uniti, perché una persona di colore entrasse nella mia cerchia familiare allargata. Nel corso di questi sedici anni l'America ha avuto due segretari di Stato neri (Colin Powell e Condoleezza Rice), poi ha eletto Barack Obama, che a sua volta ha nominato nel suo esecutivo diversi ministri neri. Ma io in tutto questo tempo non ho mai avuto un amico afroamericano, di quelli che frequenti regolarmente, con cui ti trovi spesso a cena, vai al cinema, fai qualche vacanza.

Il mio caso non è anomalo, e la dice lunga sull'esperimento multietnico degli Stati Uniti. Meno riuscito di quanto si creda. O forse, per essere precisi: più limitato, più superficiale di quanto si creda. Ci fu un tempo in cui l'America venne definita un «melting pot». La traduzione: un crogiuolo dove le razze si fondono. Poi, più prudente e realistica, arrivò un'immagine alternativa: meglio parlare di «salad bowl», il contenitore dell'insalata. In un'insalata mista, le varie verdure e i condimenti si possono mischiare all'infinito, ma rucola e pomodoro non si fondono. Questo descrive meglio il contratto sociale americano. L'immigrazione dal resto del mondo continua, ma ciascuno si integra prevalentemente dentro la comunità dei suoi simili. E le varie comunità coesistono pacificamente, in un accordo di rispetto reciproco, nell'osservanza delle regole comuni.

La situazione dei neri è diversa in quanto a rispetto reciproco, questa è la comunità con cui le tensioni razziali sono riaffiorate in modo acuto negli ultimi anni, in parte anche come «reazione» di certi bianchi allo shock-Obama; ma, in ogni caso, vale per loro come per le altre comunità etniche l'apartheid implicito che continua a regolare tanti aspetti della vita quotidiana, compresa la geografia residenziale, la composizione abitativa dei quartieri.

Mi sforzo di ricordare ma non trovo un amico nero nei primi quattro anni in cui ho vissuto a San Francisco, né in seguito a New York, prima che Jacopo ci presentasse Gwen. Ho avuto un po' più fortuna con cinesi, indiani e latinoamericani; soprattutto professori universitari. Ma anche loro li conto sulle dita della mano. La maggior parte del tempo si vive in una società a compartimenti, abitando in quartieri dove i vicini di casa hanno la pelle del mio stesso colore. Gli altri li incrocio in gran quantità quando prendo il metrò la mattina: i trasporti pubblici sono pieni di pendolari «etnici». Neri se ne vedono tanti negli uffici statali, l'impiego pubblico è sempre un mezzo di promozione sociale delle minoranze. E poi ci sono tutti i servizi dove la manodopera immigrata è maggioritaria, dai camerieri nei ristoranti alle ragazze asiatiche nei saloni di bellezza per le signore, dai fattorini per le consegne ai tassisti. Per questi ultimi, di recente, la città di New York ha perfino abolito l'esame d'inglese come condizione per la licenza. (Prima ancora, l'esame d'inglese lo aveva abolito la società Uber, sempre in anticipo di una lunghezza.)

Va un po' meglio con i miei figli, come dimostra la «cooptazione» di Gwen. Essendo arrivati qui da adolescenti, hanno avuto più occasioni per diversificare le amicizie. Hanno anche mestieri svolti in genere da diverse minoranze: Costanza nell'università statale della California, Jacopo sia nella versione attore sia quando fa il cameriere. Tra i giovani della loro generazione crescono in percentuale le coppie multietniche. Ma l'America resta un modello imperfetto e un cantiere incompiuto. Perfino per le ondate migratorie antiche. Se ti capita di essere invitato al *bar mitzwah* di un ragazzino ebreo, ti troverai in un ambiente prevalentemente ebraico. Due comunità che hanno un'alta percentuale di matrimoni misti, gli americani di origine italiana e irlandese, hanno in comune anche la religione cattolica. Viceversa, i nuovi immigranti che arrivano dall'Africa non vengono accolti facilmente dai neri di qui, come ha raccontato Chimamanda Ngozi Adichie nel romanzo *Americanah*. Un'attrice comica nera che ho visto nel teatro di satira politica Gotham Comedy Club, ricordando che i suoi genitori sono immigrati dalla Nigeria, scherzava: «Ci distingue il fatto che noi l'America l'abbiamo scelta».

Le tribù a cui tutti apparteniamo sono il primo rifugio: e per quanto la convivenza con le altre tribù sia pacifica, la sera ci si ritira molto spesso nelle proprie «riserve».

Ma che cosa accade quando in alcune parti d'America la «riserva bianca» è impoverita, declassata, senza un orizzonte, defraudata di speranze? Questo è il terreno dove la questione dell'immigrazione incrocia lo shock da globalizzazione, e genera mostri come Donald Trump.

C'è un pezzo di popolazione bianca che ha perso lavori ben pagati, ha visto sparire industrie intere spazzate via dalla concorrenza cinese, ha visto franare il proprio tenore di vita e status sociale. È troppo povera per mandare i figli a studiare nelle migliori università, quelle stesse università in cui eccellono i talenti venuti dall'Asia. Ma non è abbastanza povera da rientrare nelle categorie «sfavorite» per le quali esistono corsie preferenziali di accesso. Il Sogno americano sta scivolando via velocemente dalle loro vite, né lo vedono a portata delle generazioni future. Si sono convinti che la sinistra, il Partito democratico, sia diventata una coalizione arcobaleno dove c'è attenzione per i diritti di tutte le minoranze: neri o ispanici, gay e lesbiche. Tutte le minoranze fuorché loro, la futura minoranza bianca. Se spunta all'orizzonte un politico che parla a loro, parla per loro, sono disposti a perdonargli di tutto.

Nel settembre 2015 la storia di Ahmed Mohamed aveva indignato e poi commosso l'America. L'adolescente inventore era stato arrestato in Texas dopo aver portato un orologio di sua fabbricazione in classe, solo perché il suo volto e il suo nome ne avevano fatto «automaticamente» un potenziale terrorista. Erano intervenuti prima il fondatore di Facebook Mark Zuckerberg e poi Barack Obama a mostrargli solidarietà sui social media («geniale il tuo orologio» twittò il presidente). Obama in seguito lo aveva invitato più volte alla Casa Bianca. Per ripagarlo dell'umiliazione subita, additarlo a esempio e dimostrare che l'America accoglie a braccia aperte i talenti stranieri. Anche se islamici. Ma c'è un pezzo di America che non la pensa così. E si è presa la sua rivincita. Mohamed non abita più fra noi. Non gli è bastata l'ammirazione di Obama, né l'essere diventato una piccola star nel mondo dei giovani cervelli appassionati d'invenzioni tecnologiche. Preferisce una vita tranquilla. Sembra il colmo, ma se la va a cercare nel Golfo Persico. Dove chiamarsi Ahmed Mohamed perlomeno non attira l'attenzione.

La vicenda comincia il 15 settembre 2015. Quel giorno nel liceo di Irving, una cittadina del Texas vicino a Dallas, il quattordicenne Ahmed Mohamed arriva in classe portando il frutto di un suo progetto: appassionato di piccoli lavori ingegneristici, ha messo a punto da solo un orologio digitale. In una scatola a parte ha messo i cavetti che servono a collegarlo alla presa elettrica. Una prof d'inglese vede quei fili che escono dalla scatola, osserva Ahmed: bruno, capelli ricci nerissimi, le sue origini etniche sono inconfondibili (il padre è un arabo del Sudan, fuggito con la famiglia negli Stati Uniti per salvarsi dalle persecuzioni religiose). Altri prof di quella scuola conoscono le prodezze tecniche di Ahmed, spesso gli chiedono di installargli i software dei computer e di aggiornargli le app sullo smartphone. Ma l'insegnante d'inglese non lo sa e lancia l'allarme: bomba in classe. Arriva la polizia, Ahmed viene ammanettato e portato via. In commissariato lo interrogano senza la presenza di un legale. E anche se viene rilasciato dopo poche ore, arriva la sanzione dalla scuola: sospensione disciplinare.

Della storia si accorge il quotidiano «Dallas Morning News». Poi un blogger esperto di tecnologia, Anil Dash. Il caso diventa virale, nelle prime ventiquattr'ore dalla notizia un milione di americani esprimono la loro solidarietà con l'adolescente, twittando #IStandWithAhmed, «io sto con Ahmed». Fino ad attirare l'attenzione di Obama, di Zuckerberg e tanti altri. In seguito il ragazzino geniale viene invitato alla Nasa. Partecipa a una conferenza dell'Onu al Palazzo di Vetro. Altro che ammanettarlo, l'America progressista ne vuol fare un modello per tanti suoi coetanei.

Ma l'interesse di quest'America si dilegua col passare dei mesi. Le subentra un'altra nazione, feroce e crudele, la sua gemella nemica. Razzista, islamofoba, in cerca di vendette contro il gesto pacificatore di Obama. Nei social media di destra cominciano le insinuazioni: Ahmed e la sua famiglia sarebbero degli imbroglioni in cerca di fama. Peggio, alcune teorie del complotto lo descrivono come un docile strumento nelle mani di gruppi islamici che vogliono screditare la polizia del Texas. Arrivano minacce, anche di morte. Via via che la storia di Ahmed sparisce dalle prime pagine dei giornali, altri media più discreti ma tenaci se ne impadroniscono. La trasformano in una controstoria. La notorietà diventa un pericolo. Il ragazzino non regge allo stress, il padre teme per il suo equilibrio psichico. Arriva, benefica, l'offerta di una borsa di studio dalla Qatar Foundation. I legali di Ahmed convocano una conferenza stampa e annunciano: la famiglia si trasferisce a Doha.

La fuga di Ahmed ci ricorda che quando vince il pregiudizio e diamo la caccia ai diversi, alla fine restiamo tutti un po' più poveri.

In un'intervista rilasciata negli ultimi mesi della sua presidenza, Obama ha confidato al giornalista Fareed Zakaria queste riflessioni sulle radici dell'islamofobia, sulla presa dei messaggi antimmigrati: «Ci sono categorie di persone che si sentono abbandonate, che sono spaventate dalla rapidità del mutamento etnico-demografico, delle trasformazioni sociali. Hanno paure più che legittime sulla loro situazione economica. Pensano di essere stati lasciati indietro. Dobbiamo prendere sul serio queste paure. Dobbiamo prestare attenzione».

Com'è ovvio, Obama non ha nessuna indulgenza o tolleranza verso i personaggi alla Trump, tutti coloro che aizzano il razzismo. Eppure, nelle sue parole c'è l'invito a non commettere un altro errore, che è il razzismo degli antirazzisti. Un conto è disprezzare i demagoghi della xenofobia, guai a disprezzare quella base popolare che li segue per disperazione vera perché si sente straniera in casa propria. La prima regola per governare l'immigrazione è proprio questa: ascoltare chi fra noi vive nelle condizioni socio-economiche più vicine a quelle degli immigrati.

Inquietudine migratoria. Le radici profonde della mobilità umana è il titolo di un bel saggio di Guido Chelazzi uscito nel 2016 (Carocci). Il termine «inquietudine migratoria» descrive il comportamento di specie animali in cattività, quando sentono che è giunta la stagione in cui i loro simili «liberi» partono per le grandi migrazioni. Anche certi uccelli in gabbia possono dare segni di agitazione perché avvertono nel loro istinto la pulsione a spostarsi. Insieme con un altro libro pregevole, *Libertà di migrare* di Valerio Calzolaio e Telmo Pievani (Einaudi 2016), rientra in una corrente che analizza i fenomeni migratori partendo da molto lontano. Biologi, antropologi, archeogenetisti, grazie alle nuove tecnologie e all'analisi dei Dna nei reperti fossili, ricostruiscono la storia e la preistoria dell'umanità alla luce di questa costante: siamo stati quasi sempre una specie migratoria, o per meglio dire una specie «anche» migratoria, che alternava gli spostamenti e la sedentarietà. *Homo sapiens* ha origine in Africa, si dirama in Asia (poi da là anche in America) e in Europa attraverso le emigrazioni. Spinto, fin dall'inizio, da fattori climatici o alimentari, o dalla pressione incalzante di qualche tribù più organizzata e più aggressiva, o infine dalla curiosità e sete di scoperta.

La figura del profugo, quella dell'immigrato «economico», quella del nomade transumante accompagnano la storia dell'umanità fin dall'esordio. Non è un caso se i più grandi miti religiosi e letterari narrano di esodi come quello del popolo d'Israele nella Bibbia, o di esplorazioni come nell'*Odissea* di Omero. I testi fondanti delle culture cinese e indiana hanno storie molto simili. Essendo io discendente di una famiglia di naviganti, da una cittadina ligure dove i mariti partivano per anni, talvolta definitivamente (le morti per naufragi erano frequenti, così come pure il passaggio dalla vita di mare all'espatrio), «l'inquietudine migratoria» ce l'ho nel sangue, mi appartiene dalla nascita.

L'analisi della storia sui tempi lunghi è interessante anche per quest'altro aspetto: ci ricorda che nelle migrazioni il ceppo dominante non è sempre quello che accoglie, talvolta è quello in arrivo. La distinzione tra migrazione e invasione è sottile, mobile, variabile. In diversi casi importanti furono le popolazioni immigrate a rappresentare la civiltà «superiore», e quindi a trapiantare nelle zone d'insediamento i loro stili di vita, le loro tecnologie, le loro gerarchie, i loro costumi, i loro dèi.

Non c'è quindi alcuna contraddizione nel riconoscere, da una parte, che le civiltà umane e il nostro patrimonio biogenetico si sono continuamente adattati, trasformati ed evoluti attraverso le mescolanze migratorie; e, dall'altra parte, che da ogni incontro-fusione alla fine esce un mix che non è paritetico, in cui uno dei caratteri ha la prevalenza. Anche questo rientra nella nostra «inquietudine migratoria»: mentre sentiamo che gli incroci multietnici sono inevitabili, c'interroghiamo sull'identità che sarà prevalente.

In questo senso il dibattito sul burkini che ha agitato brevemente l'estate del 2016 è meno stravagante di quanto sembri. Molti hanno voluto liquidarlo come una forma d'intolleranza, un estremismo laicista, una perversione tipicamente francese. Mi lascia perplesso sentire da che pulpito vengono certe lezioni. Per esempio dall'Italia, paese dove la Chiesa ha spesso «sconfinato» dal suo spazio esercitando interferenze indebite nella vita civile. Oppure dall'America, dove i politici finiscono i loro discorsi invocando la benedizione di Dio sul loro paese e sentono il bisogno di esibire in modo quasi indecente la propria fede religiosa.

Capisco che il laicismo francese risulti insopportabile per degli italiani cresciuti con i crocifissi in classe (anche nella scuola pubblica), o per degli americani le cui banconote recano la dicitura «In God We Trust». E naturalmente esagerazioni e sciocchezze ce ne sono state tante da parte francese, nell'estate 2016 del burkini (che veniva, va ricordato, subito dopo l'orrenda strage degli innocenti sui marciapiedi di Nizza, con bambini maciullati dall'urto di un camion usato come arma). Ma, al fondo, nella storia umana le tribù si sono sempre distinte anche per le acconciature e l'abbigliamento: segni esteriori di appartenenza a un gruppo, a una civiltà, a un sistema di valori. E i veri esperti di Islam ci ricordano che un'involuzione inquietante è avvenuta nell'uso dei vestiti: c'è stata una generazione di donne arabe orgogliose di essersi liberate da certi dettami di abbigliamento che vivevano come un simbolo di oppressione; poi, talvolta, alcune delle loro figlie adolescenti si sono riappropriate di quei vestiti antichi e ne hanno fatto un segno identitario, un simbolo di rivolta. Il messaggio, non illudiamoci, è proprio quello: l'Occidente fa schifo.

E noi come dobbiamo reagire? Un pezzo della nostra società non ha dubbi: l'Occidente deve fare schifo anche a noi, essendo il coagulo di tutti i mali, di tutte le nefandezze. Il rifiuto d'integrazione che emana da una parte delle comunità islamiche si salda con le pulsioni autodistruttive che da tempo registriamo al nostro interno. C'è fra noi chi considera la nostra liberaldemocrazia una farsa e un'impostura. C'è chi crede di essere rispettoso degli altri – e di espiare le colpe dei secoli coloniali – adottando il «multiculturalismo», che relativizza tutto e vieta i giudizi di valore: guai a stabilire che altri sistemi di regole sono più arretrati.

Poi succede il Capodanno di Colonia. Forse l'evento più rivelatore degli ultimi anni, quasi più emblematico delle stragi terroriste. Perché nel Capodanno di Colonia non agivano minuscoli gruppi di jihadisti votati al martirio, criminali o squilibrati, ma erano interi branchi di maschi, perlopiù immigrati da paesi di religione islamica, a dare la caccia alle donne per le vie della città, a molestarle, a violentarne alcune. Non erano gesti folli o vendette isolate, era l'esplosione di un costume, di un atteggiamento tribale. Le donne che a quell'ora della notte non erano chiuse in casa o intabarrate nei costumi etnici erano animali da preda.

Quella rivelazione improvvisa di un comportamento di massa – non una «devianza», non il blitz di un commando – è stata così sconvolgente che per molti giorni la società tedesca educata e civile ha voluto chiudere gli occhi. Le donne vittime di violenze si sono autocolpevolizzate, a lungo hanno tardato a sporgere denuncia. Molto lentamente i fatti di quella notte sono venuti a galla. Perché stavolta non c'era la scorciatoia automatica postattentato, che è la solenne e rituale condanna del gesto folle di un minuscolo gruppo di assassini. Stavolta bisognava dare un giudizio morale su una vasta comunità d'immigrati.

Faticosamente, qualcosa è cambiato nel discorso *politically correct* della democrazia tedesca. Quando, pochi mesi dopo il Capodanno di Colonia, si sono aggiunte le manifestazioni di massa degli immigrati turchi a favore dell'autocrate islamista Erdoğan, quando un pezzo della comunità turco-tedesca ha fatto la scelta di appoggiare entusiasticamente colui che calpesta i diritti umani ad Ankara e di protestare contro la politica estera di Berlino, quando si è scoperto che il governo turco ha 6000 informatori e 500 agenti di spionaggio sul territorio tedesco, allora la cancelliera Angela Merkel ha dichiarato: «Ci aspettiamo che le persone di origine turca che vivono da molti anni in Germania sviluppino un alto livello di lealtà verso il nostro paese». Il linguaggio è pacato e gentile, un modo diplomatico e moderato per affermare un principio. La «lealtà al nostro paese» non è compatibile con l'appoggio entusiasta a un paese che ha imboccato la strada diametralmente opposta, che vuole rappresentare con orgoglio un modello alternativo all'Occidente. Bisogna scegliere.

Lo stesso governo tedesco ha poi reagito al Capodanno di Colonia distribuendo fra gli immigrati in arrivo dal Medio Oriente dei manuali d'istruzione sui costumi di vita in Germania: vi si spiega, per esempio, che se una donna indossa una gonna corta non significa che la si possa brutalizzare. Ma non è una questione che si risolve sul piano delle buone maniere, degli usi e costumi locali. È una questione etica e di civiltà. Abbiamo il diritto, anzi il dovere, di indicare ciò che è giusto e ciò che è sbagliato; e di farne una condizione d'accesso per chi vuole vivere in mezzo a noi. Le civiltà nascono e muoiono, si evolvono, si fondono, s'influenzano, e alla fine qualcuna imprime ad altre un segno dominante. Vogliamo poter scegliere quale civiltà lasceremo ai nostri figli, e ai figli dei nostri figli.

III

Putin o l'arte della guerra (e l'amico cinese)

A Mosca! A Mosca!

Chi avrebbe mai detto che avrei rivissuto il mito russo, quarant'anni dopo...

Ne è passata di acqua sotto i ponti. Ero un giovanissimo iscritto al Partito comunista italiano, presi la tessera nel 1974, tre anni dopo cominciai a lavorare da precario nella stampa di partito. Enrico Berlinguer stava accelerando lo «scisma» dall'Unione Sovietica. Lo chiamarono «eurocomunismo». Si avvicinava alle socialdemocrazie nordeuropee. Però, tagliare il cordone ombelicale con la patria del leninismo fu un'operazione lenta e faticosa. Nel frattempo, per quanto conflittuali, restavano intensi i rapporti con il granitico Pcus (Partito comunista dell'Unione Sovietica).

Io non avevo ruoli politici, ero solo un giornalista, ma poiché sapevo un po' di lingue straniere m'infilavano spesso nelle delegazioni ufficiali. Partecipai a diversi congressi: Mosca e Leningrado (oggi San Pietroburgo), Varsavia, Berlino Est. A noi giovani quel mondo piaceva poco. Inefficiente e corrotta, l'Unione Sovietica non poteva fungere da «modello» esportabile. Al contrario erano i giovani russi, polacchi, tedeschi dell'Est a invidiare noi: i nostri jeans, il nostro rock, la nostra libertà di viaggiare. Ma tra i vecchi compagni il mito dell'Urss resisteva. A Mosca! A Mosca!

Molto più di recente, quello slogan mi è toccato sentirlo in bocca a Donald Trump. Il flirt fra il tycoon newyorchese e Vladimir Putin è stato ben visibile, ostentato, sfacciato. I suoi aspetti più beceri sfidano il buon senso: il candidato repubblicano si rallegrò pubblicamente il giorno in cui gli hacker russi violarono le email segrete di Hillary Clinton. Ma le affinità elettive Trump-Putin riguardano punti sostanziali. Bisogna elencarli, perché l'atteggiamento si sta diffondendo in mezzo a noi. Come in altre cose, Trump ha intercettato una moda già esistente. Ammira Putin come un modello nella lotta al terrorismo islamista, al punto da ventilare la possibilità di appaltargli le operazioni militari contro l'Isis in Siria (la ragione sta nei successi di Putin contro i secessionisti ceceni, da lui bollati tutti quanti come terroristi islamici, e «terrorizzati» a loro volta con rappresaglie indiscriminate sulle loro famiglie, sulla popolazione civile). Trump è sempre stato indulgente verso l'aggressione russa in Crimea e in Ucraina. Parlando della Nato, l'ha trattata come un «optional», mettendo in dubbio la volontà americana di difendere i paesi dell'Est dall'espansionismo russo.

Sembra incredibile che il Partito repubblicano, o almeno una parte della destra americana, dopo avere idolatrato in Ronald Reagan il «vincitore della guerra fredda», colui che mise in ginocchio «l'Impero del male» (l'Urss), abbia ceduto alla tentazione filoputiniana. Eppure c'è una logica profonda. È la stessa ragione per cui tutte le destre europee simpatizzano per l'uomo forte di Mosca: da Marine Le Pen a Matteo Salvini, in Europa occidentale. Perfino nell'Europa dell'Est che fu dominata dall'impero sovietico, i dirigenti al potere in Ungheria e in Polonia riecheggiano temi cari a Putin, anche se diffidano delle sue mire espansioniste.

Un osservatore europeo, l'editorialista Jochen Bittner del giornale tedesco «Die Zeit», riassume in modo acuto il fascino di Putin in Occidente. «La sua ideologia dell'Ordine parte dalla premessa che la liberaldemocrazia ha generato il caos. La religione secolare dell'Occidente è stata la globalizzazione. Le frontiere aperte hanno distrutto posti di lavoro e favorito le migrazioni di massa. Al tempo stesso sono cadute le frontiere mentali, le società liberali hanno messo in gioco tutti i valori tradizionali, nessuna istituzione sacra resiste. Dalla liberalizzazione della marijuana ai matrimoni gay, fino alla tolleranza del fondamentalismo islamico, tutto fa parte dello stesso lassismo, permissivismo. È la debolezza morale che ha sempre preceduto la caduta degli imperi.»

L'ideologia dell'Ordine di Putin offre le sue medicine: dal nazionalismo al militarismo, dal maschilismo al patto con la Chiesa ortodossa più conservatrice. Non tutti questi ingredienti sono altrettanto seducenti in Occidente. Ma ciascuno, da Trump a Orbán, dal Fronte nazionale francese alla Lega Nord, sceglie à la carte ciò che gli piace di Putin.

Nel mio piccolo, sono assediato dai fan italiani di Putin. Ogni volta che dall'America scrivo su temi di politica estera, che si tratti dell'Ucraina o della Siria, il mio blog s'intasa di commenti durissimi. Mi si accusa di essere asservito all'America, alla sua propaganda, e quindi di ignorare le legittime e sacrosante pretese della Russia sulle zone limitrofe, ivi compresi quei paesi che avevano faticosamente recuperato la propria sovranità dopo il disfacimento dell'Urss, come appunto Ucraina e Crimea.

Ogni volta che in Italia tocco questi temi in un incontro col pubblico, per discutere i miei libri, qualcuno si alza a difendere Putin. A Mosca! A Mosca! Intuisco che nella versione italiana confluiscono diversi fenomeni. C'è qualche residuo di veterostalinismo, vecchi compagni mai rassegnati alla scomparsa del Pci (anche se mi duole che non vedano in Putin una deriva di tutt'altro segno: fascista e zarista, nostalgica e bigotta nell'alleanza con la Chiesa). C'è un antiamericanismo di ogni colore, destra sinistra e centro, che in Italia ha radici profonde: allignava nella cultura fascista, in quella cattolica, in quella comunista. Oggi l'antiamericanismo può resuscitare in nuove forme tra i leghisti o altri populismi, avversi a ciò che l'America rappresenta come società aperta all'immigrazione. Ci sono, ovviamente, anche tutte le critiche legittime verso l'imperialismo americano, dalle origini fino all'invasione dell'Iraq. Difficile, però, vedere un nesso tra l'orrore per gli abusi commessi dall'America e la simpatia nei confronti dell'autocrate russo, che in fatto di prepotenze è un vero campione.

Ed è proprio qui che subentra l'altro ingrediente segreto, mai del tutto confessato, del filoputinismo: all'attrazione verso l'uomo forte, così diverso dai nostri leader indecisi a tutto, si aggiunge la seduzione del guerriero. Le armi lui le usa, senza remore, proprio quando l'Occidente è immerso in una cultura pacifista, o tende comunque a escludere che la guerra sia un'opzione pensabile per noi stessi.

In un libro collettivo che riprende gli atti di un convegno all'Accademia dei Lincei, intitolato *Senza la guerra* (il Mulino 2016), Ernesto Galli della Loggia fa risalire al 1945 «l'adozione di massa di una vera e propria ideologia della pace ... fatta propria dalla vastissima maggioranza delle opinioni pubbliche europee, alle quali si unisce la voce delle Chiese». La criminalizzazione della guerra avviene sotto il manto di una grande ipocrisia, visto che gli europei dell'Ovest durante la guerra fredda si trasformano in parassiti della sicurezza, delegano all'America il costo di difenderli. Una parte del paradisiaco Welfare europeo costruito negli anni Sessanta è anche il dividendo di una pace garantita da altri, che consente di spendere pochissimo per le armi e gli eserciti. Ma al tempo stesso, come spiega Galli della Loggia, la criminalizzazione della guerra viene appoggiata su un revisionismo storico, che trasforma in orrori soprattutto le «nostre» guerre: dal primo conflitto mondiale («inutile strage») si risale all'indietro per ricostruire una lunga catena di obbrobri e atrocità, dalle Crociate all'Inquisizione, dallo schiavismo al colonialismo, quasi che l'uso della violenza a scopo di conquista e sottomissione fosse un monopolio dell'Occidente. Si approda infine all'Europa contemporanea, *politically correct*, dove molti sono convinti che il Male siamo noi, e dunque nel resto del mondo non possono esistere nemici ma solo ex vittime che oggi pretendono giustizia.

Ho notato che questa narrazione «buonista» si è interrotta di colpo, ma per poco tempo, quando i nostri marò sono stati catturati dall'India per essere processati. Sotto shock, e comprensibilmente solidale con i propri militari, gran parte dell'opinione pubblica italiana ha smesso di rappresentarsi il pianeta come diviso tra un Occidente aggressivo e rapace, e un Terzo Mondo animato solo da legittime rivendicazioni. Di colpo l'India per gli italiani è diventata cattivissima, odiosa, ripugnante. Solo quando noi stessi ci siamo ritrovati alle prese con una minuscola «scheggia» dei conflitti mondiali, è stata sospesa la criminalizzazione di tutto ciò che è militare e porta una divisa.

Torno a Galli della Loggia, al passo in cui sottolinea questo paradosso generale: «Mentre l'Europa democratica … ha messo virtualmente fuori legge la guerra, e si è ritratta anche psicologicamente dalla dimensione dell'uso della violenza, viceversa nel resto del mondo le nuove e vecchie statualità hanno dato inizio a una fase di quasi epidemica, forte, conflittualità. Non solo infatti di democrazia lì non è questione, ma in quelle contrade, a differenza che da noi, restano ancora potenti i legami tra la guerra da un lato e dall'altro tutto ciò che è connesso: i valori tradizionali della virilità, la disponibilità al sacrificio, infine lo spirito di conquista e di proselitismo alimentati da un afflato religioso tuttora vivo. A petto di siffatta conflittualità il nostro continente rischia di apparire oggi il classico vaso di coccio…».

Qui sta un'altra chiave per capire il fascino di Putin, il leader forte che coltiva l'arte della guerra. Il mio collega Nicola Lombardozzi, corrispondente della «Repubblica» a Mosca da tanti anni, ci racconta quotidianamente proprio il culto della virilità di Putin, l'esaltazione del soldato russo, il rilancio di Mosca come «l'altra Roma» capace di difendere i valori del cristianesimo contro l'assalto islamico. Per un'Europa occidentale che ha deciso di non avere più valori universali da difendere, e che certamente non li vuole difendere con la forza delle armi, lo slogan «mai più la guerra» si accompagna alla precisazione «mai più combatteremo noi»... ma ben venga qualcun altro disponibile a farlo al nostro posto. Anche se il prezzo da pagare è un ritorno dell'Europa dell'Est sotto la sfera d'influenza dell'orso russo, amen. (Del resto, cos'hanno fatto i polacchi per meritare di stare insieme a noi?)

Oltre al fascino «oggettivo» di una figura come Putin, va aggiunto che la sua capacità di conquistare simpatie e proseliti in Occidente viene attivamente perseguita, con un marketing che Mosca finanzia generosamente, malgrado le difficoltà dell'economia russa. Alcuni strumenti di questo marketing sono evidenti, per esempio la televisione RT (Russian television, in lingua inglese), che vista negli Stati Uniti è molto interessante: racconta un mondo alla rovescia, dove solo gli americani soffrono per disoccupazione, miseria, discriminazioni, droga e alcolismo, solo Washington diffonde propaganda menzognera, solo i bombardamenti della US Air Force (e occasionalmente francesi e inglesi) fanno vittime civili in Siria o altrove. C'è comunque una nicchia di cittadini americani – ne conosco personalmente – che adorano la televisione RT considerandola una fonte di «controinformazione». Nostalgia degli anni Sessanta. È la nicchia di radical chic che prende per Vangelo tutto ciò che scrive Noam Chomsky, e che ha votato per l'ambientalista Ralph Nader nell'elezione presidenziale del 2000, contribuendo così a mandare George W. Bush alla Casa Bianca.

Poi c'è un altro tipo di marketing putiniano, rivolto a specifiche forze politiche in Occidente. L'11 ottobre 2014 Matteo Salvini compie una memorabile visita a

Mosca, nel corso della quale invia un tweet entusiasta ai suoi seguaci italiani: «No clandestini, no lavavetri, no campi rom. Ragazze in metropolitana alle due di notte senza paura. Qui non c'è Mare Nostrum» (il riferimento è all'operazione che mobilitava la marina italiana per il soccorso alle imbarcazioni di profughi nel Mediterraneo). In quel periodo, il leader leghista prende una decisa posizione contro le sanzioni economiche, inflitte dai paesi Nato alla Russia dopo l'annessione della Crimea avvenuta nel marzo 2014. La visita a Mosca si conclude con la firma di un «accordo di partenariato» tra la Lega Nord e il partito di Putin.

Nella conferenza stampa che convoca prima di rientrare in Italia, Salvini viene interrogato su un possibile aiuto finanziario che accompagnerebbe quell'accordo. Lui spiega che se arrivasse un prestito conveniente non lo rifiuterebbe, ma che la questione non è oggetto delle sue missioni nella Federazione russa. «Se ci saranno finanziamenti russi alla Lega dovete chiederlo a loro,» dice Salvini «noi non veniamo qui per questo. Veniamo qua perché le sanzioni sono sanzioni idiote, dovrebbero essere tolte domani mattina.» Salvini si sofferma sull'aiuto economico russo al Fronte nazionale in Francia: «A Marine Le Pen» dice «è stato offerto un prestito. Se ci fosse una banca russa o islandese, che mi offrisse un prestito a meno di quello che mi garantisce, per esempio, Banca Intesa, perché no? Ma non contiamo che la Lega vada avanti con finanziamenti di questo genere, contiamo sulle nostre forze».

Un anno e mezzo dopo quel viaggio di Salvini il Congresso americano – scrive il quotidiano britannico «Daily Telegraph» nel gennaio 2016 – incarica James

Clapper, responsabile dell'intelligence nazionale, di indagare sui fondi segreti versati dalla Russia ai partiti europei nell'ultimo decennio. A Washington si sospetta che l'obiettivo di Putin sia di indebolire la Nato, limitare i programmi missilistici europei e far cessare le sanzioni internazionali dopo la guerra in Ucraina e l'annessione della Crimea. Nei documenti rivelati dal giornale si parla di operazioni russe in Francia, Olanda, Ungheria, Austria e Repubblica Ceca. Le fonti del quotidiano citano anche il caso britannico, con la prospettiva del referendum sulla Brexit e l'elezione di Jeremy Corbyn (anti-Nato) a leader dei laburisti come «potenziali opportunità per indebolire l'Europa».

In certi casi la Russia ha già «comprato» singoli leader occidentali, come l'ex cancelliere socialdemocratico tedesco Gerhard Schröder, che, dopo avere negoziato dalla sua posizione di governo gli accordi sulle forniture di gas russo, viene assunto nel consiglio d'amministrazione di una grande azienda pubblica russa nel settore energetico. In altri casi sono gli occidentali stessi ad appoggiare Putin per i propri interessi economici: tutte le Confindustrie d'Europa si sono mobilitate contro le sanzioni, salvo poi deprecare la mancanza di «europeismo» dei cittadini. Il tradimento delle élite avviene anche con questi comportamenti. Molte di queste élite sono in vendita alla luce del sole, col cartellino del prezzo ben visibile.

Perfino l'America, che le guerre ha continuato a combatterle, oggi è alle prese con una forma di attrazione fatale verso Putin. Durante la campagna elettorale del 2016 diverse fonti dell'amministrazione Obama hanno puntato l'indice contro l'autocrate russo, sospettandolo di fare un gioco sporco a favore di Donald Trump (con lo spionaggio degli hacker). Ma al tempo stesso l'amministrazione Obama ha continuato a cercare con i russi l'intesa sulla Siria, pur di evitare un coinvolgimento americano troppo impegnativo e pericoloso. Guerriero riluttante, Obama ha voluto mantenere le promesse fatte nella prima campagna elettorale del 2008, sul ritiro dall'Afghanistan e dall'Iraq. Ci è riuscito solo in parte. Ma non voleva chiudere la sua presidenza con un terzo fronte di combattimenti in Medio Oriente. Scendere a patti con Putin era quasi inevitabile. L'attrazione fatale verso l'uomo forte di Mosca, nella destra repubblicana si unisce alla rinascita di correnti isolazioniste di cui Trump non è l'unico esponente («abbiamo fin troppi problemi a casa nostra, occupiamoci di questi, il resto del mondo vada pure al diavolo»). In ogni caso, questa intesa conferma un ritorno di centralità del vecchio rivale russo, almeno su alcuni scacchieri strategici come il Medio Oriente (e in parte l'Europa).

La situazione attuale è anche il frutto di un investimento che Putin ha fatto sulla propria disponibilità a combattere. Fu in coincidenza con l'assemblea generale dell'Onu a fine settembre 2015 che il presidente russo si fece avanti con la sua proposta. In estrema sintesi, disse all'Occidente (e innanzitutto a Obama): voi non avete capito qual è la posta in gioco in Siria; il vero nemico è l'Isis; indebolire Assad fa il gioco dei jihadisti. Seguiva il corollario: ora vi faccio vedere io come si fa. Poco dopo l'assemblea generale dell'Onu ci fu l'annuncio dell'intervento militare russo, accolto con riserve e diffidenze infinite dagli americani. Ma senza che avessero veramente un'alternativa da opporgli. Da allora hanno continuato a scontrarsi due narrazioni antitetiche sull'accaduto. Putin attribuisce all'intervento militare russo i rovesci subiti dallo Stato Islamico. Gli americani sostengono invece che la Russia ha soprattutto puntellato il regime di Assad, colpevole di atroci stragi fra la sua popolazione civile.

Resta che per Putin è già una vittoria, se si considera il punto di partenza quando il ruolo russo in quell'area era molto più marginale. Dopo l'Europa, dunque, perfino l'America sconta un limite che si è autoimposta. È lo slogan «No boots on the grounds», niente scarponi americani sul terreno. Questo principio di non intervento terrestre non solo è coerente con la prima regola d'oro della dottrina Obama in politica estera (il celebre «Don't do shit» che possiamo eufemisticamente tradurre con «non fare idiozie»), ma riscuote anche un consenso maggioritario tra gli elettori. Di qui la tentazione di usare l'uomo forte, Putin, come un capo mercenario. La storia insegna però che quando gli imperi cominciano ad affidarsi ai mercenari stranieri, spesso perdono il controllo sui risultati finali.

A 63 anni il presidente cinese Xi Jinping ha scalato i vertici del potere comunista cominciando dagli incarichi dirigenziali nelle ricche provincie costiere: Fujian, Zhejiang, Shanghai. Non si è fatto da solo: suo padre fu uno dei fondatori del partito, compagno d'armi nella guerra di resistenza con Mao Zedong. Per questo Xi viene catalogato nella categoria dei «principini», come i cinesi chiamano i rampolli della nomenclatura rossa. È il più autoritario e accentratore fra i leader cinesi dai tempi di Deng Xiaoping. Ha rotto la consuetudine della direzione collegiale che prevaleva sotto i due predecessori Hu Jintao e Jiang Zemin. La sua arma vincente per accumulare un potere così enorme è stata la campagna anticorruzione. Lo ha reso popolare tra i cittadini, ma lui l'ha usata anche per eliminare concorrenti e rivali interni.

Xi è il primo leader cinese ad avere una First Lady moderna, glamour, di stile occidentale. La sua seconda moglie, infatti, è Peng Liyuan, famosa cantante, che a lungo è stata la vera celebrity della coppia. Oltre all'immagine della moglie bella, telegenica e popolare, Xi padroneggia tecniche molto moderne per la manipolazione dell'opinione pubblica. I suoi «bagni di folla» assomigliano alle campagne di un candidato americano. Ha creato un culto della personalità, adattandolo all'era dei social media (quelli cinesi: Facebook e Twitter sono vietati). Ha mandato la figlia a studiare a Harvard, sotto falso nome: tipica scelta della élite cinese. Nonostante i proclami di lotta alla corruzione, la famiglia Xi ha accumulato enormi ricchezze. Quando alcuni giornali americani ne hanno scritto, li ha censurati e ha bloccato l'accesso ai loro siti.

La cosa migliore che ha fatto finora: l'accordo con Obama per la lotta al cambiamento climatico. Una vera svolta. Prima di lui, i dirigenti cinesi non volevano adottare dei limiti alle emissioni carboniche, sostenendo che l'Occidente aveva molte più colpe per l'inquinamento del pianeta. Xi si è reso conto che l'emergenza ambientale è un problema molto sentito dal ceto medio cinese, e ne ha fatto una priorità. Ma riconvertire il «capitalismo carbonico» della fabbrica del pianeta sarà un'impresa lunga. La democrazia liberale dell'Occidente? Un modello superato. Lui ha preso una posizione più dura dei suoi predecessori. La risposta tradizionale di Pechino alle critiche dell'America e dell'Europa sui diritti umani era che la nostra democrazia non si addice alla Cina. Xi fa un passo più avanti: sostiene che in questa età del caos il modello occidentale mostra i suoi limiti anche là dove è nato. Autoritarismo, paternalismo, il pugno di ferro con la censura e la leva del capitalismo di Stato per sostenere un'economia che rallenta: queste sono le sue armi.

Con Putin, Xi ha un rapporto strumentale. Lo guarda dall'alto della ricchezza economica della Cina, al cui confronto la Russia è un nano, un petro-Stato incapace di usare le proprie rendite energetiche per acquisire vera competitività. Ma rispetta la proiezione internazionale della Russia, la sua capacità (ereditata dagli zar e poi dall'Urss) di esercitare una diplomazia globale sorretta dalla forza militare. E poi, se serve per mettere in difficoltà l'America, un asse Pechino-Mosca si può anche usare opportunisticamente, purché sia chiaro chi è il più forte dei due. Non c'è più nulla di ideologico, niente che ricordi l'alleanza fra Stalin e Mao, le due chiese del comunismo. Oggi rimane solo una comune opposizione alle «ingerenze» dell'Occidente quando pretende di dare lezioni sui diritti umani.

Xi Jinping ha una visione imperiale e comincia come gli antichi romani: il suo visionario piano «Una cintura, una strada» punta alla costruzione di gigantesche reti infrastrutturali che colleghino la Cina al mondo intero. Ha già stanziato 600 miliardi per autostrade, ferrovie, porti, aeroporti, oleodotti e reti elettriche che arriveranno fino al Mediterraneo. Questa attenzione alla qualità delle infrastrutture «fisiche» mi costringe a fare un paragone – inquietante – con lo stato dell'America in cui vivo.

Questa scena inizia alla Penn Station di New York: vasto antro sotterraneo da archeologia industriale anni Sessanta, angusta, male illuminata, sporca. Insieme a Grand Central, è la maggiore stazione ferroviaria della più grande metropoli americana. Attorno a me una massa di passeggeri accalcata in piedi scruta ansiosa il tabellone delle partenze. Bisogna stare sul chi vive. L'arrivo di un treno di regola viene preannunciato solo 15 minuti prima e nessuno può raggiungere il binario (ancora più sprofondato nelle viscere sotterranee) finché il convoglio non è lì. Peggio, le ferrovie federali Amtrak non hanno ancora «scoperto» cosa sia la preassegnazione dei posti a sedere. Un biglietto, perfino di prima classe, non dà diritto a un posto preciso. Troppo complicato? Quando scatta finalmente l'annuncio che il treno è arrivato, bisogna buttarsi in discesa lungo scale mobili ottocentesche (spesso guaste) alla ricerca del binario, poi di un vagone e un sedile a caso, di corsa, trascinando le valigie.

Il treno in questione nel luglio 2016 mi porta a Filadelfia per la convention democratica. È un convoglio che risale a quarant'anni fa, un ferrovecchio, orrendo, scomodo e lercio. Serve la rotta più importante degli Stati Uniti, parte da Boston e arriva a Washington, capitale della superpotenza economica globale. Qui la chiamano «ferrovia ad alta velocità» perché le altre sono ancora più lente, ma la tecnologia è quella del nostro Pendolino o perfino del Settebello (ricordate? Forse voi no, allora chiedete ai nonni...). Carrozze arruggini te, rumorosissime, nelle curve sembra di stare sulle «autoscontro» nei lunapark della mia infanzia, roba da lividi per le botte che prendi. Acela, si chiama questa patetica «Tav» che da New York a Washington impiega tre ore mentre col Frecciarossa basterebbe la metà. Eppure è carissimo (anche 400 dollari in prima) e strapieno di pendolari vip, senatori e deputati; su questo treno ho incontrato il vicepresidente Joe Biden.

Per la modica cifra di 85 dollari, in seconda classe, dopo un'ora e mezza arrivo a Filadelfia. Altra ricchissima città, ha dato i natali alla Costituzione americana. È sede di grandi istituzioni finanziarie, università d'avanguardia, centri medici di eccellenza. Ma alla mia prima passeggiata dalla stazione verso l'appartamentino che ho affittato per la convention, in sei isolati incontro una quantità di mendicanti che mi ricorda Calcutta. Quando prendo il metrò, devo acquistare come biglietti dei «gettoni» in nichel, in piena era digitale. Al primo temporale le stazioni del metrò si allagano e cammino con l'acqua alle caviglie.

Da notare che Filadelfia ha un sindaco democratico, è in uno Stato (la Pennsylvania) con un governatore democratico, e siamo all'ottavo anno della presidenza Obama. Non si può dire che povertà e diseguaglianze abbiano un marchio esclusivo di destra.

«America, Third World Country.» Sapete chi di recente ha accusato l'America di essere un paese del Terzo Mondo? Donald Trump. Ohibò, avrei dovuto brevettare l'idea, forse ci scappava qualche royalty. Accusatemi pure di essere vanitoso, autoreferenziale, ma ho le prove. Nel mio libro *Occidente estremo*. È lì che sette anni fa vi rivelavo il mio shock. Avevo vissuto in California dal 2000 al 2004. Poi in Cina fino al 2009. Nel luglio di sette anni fa ritraslocavo, stavolta da Pechino a New York. Di colpo ebbi un'impressione sconcertante: abbandonavo la modernità e tornavo indietro nel tempo. Non in tutti i campi, per carità, dal punto vista delle libertà e del dinamismo culturale la Cina è un paese arretrato, inquietante. Mi riferisco alle infrastrutture: aeroporti, stazioni, metropolitane, autostrade, perfino le reti telefoniche e di distribuzione elettrica, in molte parti d'America fanno schifo, cascano a pezzi, sono derelitte e in decadenza da decenni. Lo dissi in qualche occasione pubblica e gli americani mi trattarono come un insopportabile disfattista, antipatico, filocinese. Poi Arianna Huffington, la fondatrice dell'omonimo sito, ne fece il titolo di un suo bel libro: *America, Third World Country*. Ma sia io sia la ben più celebre Arianna siamo dei critici «da sinistra».

Il colpo di scena finale è avvenuto appunto quando dello stesso tema si è impadronito «The Donald». Nella campagna elettorale del 2016 ha incominciato a inveire contro gli aeroporti, in particolare quelli newyorchesi di JFK e LaGuardia. «Siete mai stati in un aeroporto cinese, o del Golfo Persico?» urlava il candidato repubblicano nei comizi. «I nostri fanno schifo. È una vergogna. Siamo noi, ormai, il paese del Terzo Mondo.» Non ha mai spiegato le cause, tra cui l'ideologia neoliberista che ha sacrificato gli investimenti pubblici. Non ha un piano serio su come uscirne. Però, da quando ha sdoganato l'espressione, tutti cominciano a lamentarsi. Prima era antipatriottico.

Dunque, la Cina sa competere anche sul terreno del *soft power*, non solo mostrando i muscoli militari ai suoi vicini. Mentre l'attenzione degli europei è dominata da guerre civili e flussi migratori, il presidente Xi costruisce le premesse di un impero fatto di porti, strade, ponti, acquedotti, più tutto l'equivalente moderno che i romani non potevano immaginare. Lancia i «ganci» delle sue reti infrastrutturali lontanissimo, fino all'Italia.

Un libro utile per capire questo grandioso piano cinese è *Connectography*, del giovane esperto di geoeconomia e geostrategia Parag Khanna. È una mappa delle connessioni che contano davvero, la nuova geografia che sostituisce le vecchie carte del pianeta. Di origine indiana, cresciuto tra America, Medio Oriente e Germania, Khanna è docente all'università statale di Singapore. La sua premessa è che l'umanità costruirà più infrastrutture nei prossimi quarant'anni di quante ne abbia costruite negli ultimi quattromila. Le grandi reti di trasporto e comunicazione (anche virtuale) sono ormai realtà più importanti degli Stati nazione. Le catene della logistica sono talmente complesse, ramificate e diversificate, che su ogni prodotto andrebbe messa l'etichetta «Made in Everywhere», cioè fabbricato dappertutto. Un possibile modello del nostro futuro è Dubai, un luogo creato da una visione del tutto a-storica, a-geografica, ovviamente popolato da apolidi.

Il suo saggio è quasi una provocazione, per diversi motivi. Comincerei da questo: per le giovani generazioni, la parola «connessione» evoca subito il mondo digitale, la Rete, le app sugli smartphone. Khanna, invece, ci riporta all'importanza delle connessioni fisiche, fatte di acciaio, cemento armato, tubi di oleodotti…

«Certo,» mi dice «per i più i giovani il concetto di "connettersi" è seguito automaticamente da "online". Ma neanche loro devono dimenticare che le infrastrutture di trasporto dei beni, delle persone, dell'energia hanno preceduto il digitale di alcuni secoli. E perfino la Rete non esisterebbe senza una dimensione fisica, che richiede immensi investimenti, per esempio le reti a fibre ottiche o i ripetitori wi-fi.»

Khanna si occupa anche del fenomeno della connettività globale che sono le migrazioni, con particolare attenzione a quella che secondo la sua analisi ne sarà la causa più dirompente: il cambiamento climatico. Oggi in primo piano per noi ci sono i profughi dalla Siria, domani prevarranno coloro che fuggono da cataclismi naturali?

«La conclusione» mi risponde «è scomoda ma ineluttabile. Se osserviamo le mappe della densità di popolazione e dell'urbanizzazione, abbiamo forti concentrazioni umane in zone costiere dove i livelli dei mari si alzano; mentre in altre parti del mondo avanzano siccità e desertificazione. Al tempo stesso, il riscaldamento climatico rende fertili e accoglienti delle aree vicine all'Artico, dal Canada alla Russia. Tutto questo non è futurologia, sta succedendo mentre parliamo. Ed è una spinta irresistibile a emigrare dal Sud verso zone che un tempo erano fredde, e diventano di anno in anno sempre più abitabili.»

Infine, a proposito del piano «Una cintura, una strada» lanciato da Xi, non esita a definirlo «la più grande iniziativa strategica del XXI secolo». Secondo Khanna, «la connessione attraverso le grandi reti infrastrutturali è centrale. È perfino più importante del rafforzamento militare. La Cina è disposta a investire subito centinaia di miliardi nei paesi vicini, ed è la nazione che ha più paesi confinanti di ogni altra. Vuole liberarsi dal vincolo del passaggio delle merci e dell'energia attraverso lo Stretto di Malacca. Punta a raggiungere i suoi obiettivi strategici senza dover necessariamente inviare truppe all'estero. Rende i suoi vicini dipendenti attraverso la finanza. I suoi progetti disegnano le mappe del mondo per i prossimi vent'anni.»

Cinque anni di vita a Pechino mi hanno vaccinato contro il fascino del modello autoritario cinese. La mia gioventù comunista mi aveva già reso allergico alle sirene moscovite, e qualche ritorno recente nella Russia putiniana non mi ha convertito. Ma in mezzo alle nostre democrazie, in mille modi stanno penetrando miasmi che odorano di simpatia verso l'Uomo Forte. Non è la prima volta: gli anni Trenta furono un'epoca in cui le democrazie liberali dubitarono di sopravvivere, di fronte alle risposte più energiche e risolute dei totalitarismi. E anche allora qualcuno pensò di averne anche il proprio tornaconto, mettendosi in vendita al migliore offerente. Il problema è qui, dentro di noi.

IV

Figli più poveri dei genitori, chi ha rovesciato il mondo?

Una madre: «Mi dica cosa devo consigliare a mio figlio: studiare in Italia o all'estero? Come prepararsi un futuro migliore?».

Un giovane: «Mi spieghi cosa possiamo fare noi ragazzi in Italia, in un paese dominato dagli anziani. Che spazio abbiamo? Che cosa ci lascia la vostra generazione, a parte una montagna di debito pubblico? È giusto che dobbiamo pagarli noi, se i debiti li avete fatti voi?».

Sono domande che mi rivolgete quando vengo in Italia. Spesso in occasione dei festival culturali estivi. In poco tempo vedo le estremità della penisola: le isole Eolie e Pordenone, Madonna di Campiglio e Polignano a Mare, Trento e Reggio Emilia, Valdagno e Camogli. E tanti altri luoghi meravigliosi, dei quali sento una nostalgia acuta quando torno alla mia vita lavorativa negli Stati Uniti. I festival sono una prova che l'Italia è migliore di come spesso la descriviamo; un paese avido di cultura e di dibattito civile. Ma i miei brevi viaggi mi danno anche un assaggio delle preoccupazioni più diffuse. Le domande dal pubblico sono uno spaccato di ansie nazionali. E non sono rivolte solo a me. All'economista americano e premio Nobel Joseph

Stiglitz, una mamma italiana a un festival ha chiesto consigli sull'indirizzo di studi di suo figlio. Lui è rimasto stupito. In America lo interpellano per questioni più generali, non casi personali.

Un mio tour recente sembrava fatto apposta per provocare quelle domande. Presentavo un libro (*L'Età del Caos*) che è una guida per decifrare le cause profonde del grande disordine mondiale: geopolitico, economico, migratorio, climatico, tecnologico. È anche una sorta di manuale per l'uso del caos: consigli di sopravvivenza in un'epoca in cui il disordine è la nuova normalità. C'è perfino una specie di *happy ending*, lieto fine. Mi affascina quel mondo giovanile – soprattutto californiano – che considera il caos come un'opportunità, ci naviga sopra come i surfisti scivolano agilmente sulle onde minacciose dell'oceano. Questa visione positiva converge con le teorie che nel caos matematico, finanziario o climatico cercano una logica nuova.

Proprio per questo, quando vengo in Italia, le domande si fanno angosciose. I miei coetanei mi chiedono lumi su quel che devono fare i figli, per sfuggire a un presente durissimo. Gli studenti universitari mi propongono un dilemma generazionale: perché gli lasciamo un mondo sconvolto e soprattutto un'Italia tanto malconcia? Cosa possono fare loro? Solo andarsene?

Non so Stiglitz, ma io quelle domande le vivo sulla mia pelle. Ho due figli sui trent'anni. Da quando sono adolescenti abitano in America, in quella che al momento appare come l'economia più solida. Il mercato del lavoro negli Stati Uniti offre più opportunità. Non la sicurezza, però. Tanti giovani anche in America trovano lavori da freelance, contratti a tempo determinato. Sempre più spesso devono accontentarsi di retribuzioni molto inferiori a quelle dei genitori. In più hanno sulle spalle debiti enormi con le banche, gli *student loans* (da noi li chiamano «prestiti d'onore»), contratti per pagare rette universitarie ormai a livelli assurdi. Di recente un amico di mia figlia, giovane medico, mi ha detto di avere raggiunto a fine specializzazione un debito complessivo di 500.000 dollari. Mezzo milione! Gli ci vorrà una vita per restituirlo. Con quel che guadagna, non può chiedere un altro mutuo per comprarsi casa. L'idea delle «aspettative crescenti» che era stata tipica del Sogno americano – ogni generazione starà meglio dei genitori e dei nonni – è un miraggio. Lo dice da molti anni Obama, che non è un disfattista.

Forse gli americani sentono un po' meno lo shock rispetto agli europei, perché negli Usa anche tra gli adulti il «posto fisso» è raro. Tutti hanno accettato da tempo un'insicurezza superiore a quella del Vecchio Continente. Però, economisti quali Robert Reich si chiedono come i giovani potranno metter su famiglia, costruirsi una pensione, se continuano a saltare da un lavoro freelance all'altro. Osservo i miei figli e i loro coetanei, e mi pare che la loro ginnastica mentale quotidiana sia proprio questa: studiano come vivere in un mondo dove manca un copione già scritto, dove tutte le regole cambiano, dove la vita dei genitori è un album di foto ricordo ma non offre indicazioni utili su quel che verrà.

«Mi sento una privilegiata, per adesso. Avendo conquistato l'ammissione alla scuola di specializzazione, prendo quasi 1500 euro al mese. Ma sta per finire. Se tutto va bene, se al termine della specializzazione trovo un posto, di euro ne guadagnerò mille al mese.» Così parla una mia giovane cugina romana, Giulia, già laureata brillantemente in medicina, e che sta ultimando la specializzazione in pediatria tra Roma e Parigi.

Non vi rivelo nulla. È una realtà che vivete tutti i giorni. Quando arrivo in Italia, devo imparare nuove sigle e nuove espressioni con cui si maschera il disastro del lavoro giovanile. Anni fa c'erano i co.co.co, oggi tanti giovani si mascherano da «partite Iva», forse nel frattempo sta spuntando qualche altra forma giuridica. Più i famosi stage gratuiti, altra maschera ipocrita dello sfruttamento generazionale («E ringrazia pure che ti prendiamo»). E sto parlando dei meno disastrati, quelli che qualche forma di attività riescono a svolgerla.

Sembra incredibile che certi italiani non vedano la rovina verso cui stanno andando tutti, adulti e anziani compresi. Alcuni miei coetanei continuano a fare i calcoli sugli anni o i mesi che li separano dalla pensione, traguardo ambito. Ma quale pensione? La previdenza italiana è un sistema organizzato per «ripartizione». Non esiste, cioè, un fondo capitale che garantisca il pagamento futuro delle pensioni (come ha invece la Norvegia, alimentato dalle vendite di petrolio del Mare del Nord, beati loro). Gli assegni ai pensionati vengono pagati via via che dai lavoratori attivi si prelevano i contributi. È un flusso di cassa, da chi lavora a chi sta in pensione. Se si ferma il flusso, lo Stato deve metterci del suo: e ha già debiti oltre il 120 per cento del Pil. Come si può pensare che questo sistema regga, e che continui a pagare i pensionati prossimi venturi, se il mondo del lavoro sarà fatto di giovani che guadagnano fra gli 800 e i 1500 euro al mese?

Da quel magro reddito dovrebbero pure tirar fuori di che finanziare le pensioni dei genitori?

L'America non è il paradiso terrestre neanche al termine di sette anni di ripresa. Tra le centinaia di migliaia di assunzioni che qui avvengono ogni mese, ci sono tanti addetti ai fast-food o ai supermercati Walmart, pagati al salario minimo. Il minimo federale è 7,25 dollari l'ora, solo di recente alzato in molti Stati Usa tra i 9 e gli 11 dollari. È sempre troppo poco. Ma ci sono anche assunzioni di giovanissimi ingegneri nella Silicon Valley, di neolaureati economisti a Wall Street, con ben altri stipendi. È una crescita diseguale. Pur fra tanti squilibri, la ricchezza ha ripreso a circolare, l'economia si è rimessa in movimento.

A lungo la depressione italiana è stata interpretata come il risultato di una guerra generazionale: anziani che godono di tutti i diritti, giovani che ne fanno le spese. Ero in vacanza a Roma in quel Capodanno in cui l'80 per cento dei vigili urbani della capitale si mise in malattia per non fare i turni lavorativi nelle feste. Mai sanzionati. In America il dipendente pubblico è passibile di licenziamento immediato per comportamenti simili.

Ma parlare di guerra tra padri e figli è un'impostura. Ci sono padri e figli che si amano e si aiutano, naturalmente qualcuno può aiutare meglio di altri. Ricordo una surreale intervista televisiva a Giuseppe De Rita, l'ex direttore generale del Censis che ha piazzato il figlio sulla stessa poltrona che occupava lui. L'intervistatrice lo incalzava: «Ma come, proprio lei che da sociologo inventò la definizione del "familismo amorale" per descrivere una tara dell'Italia?». E lui: «Mio figlio è bravo e competente». Il dialogo proseguiva, sempre più paradossale: «Se è tanto bravo, perché non ha avuto il buon gusto di cercarsi un posto altrove?».

Tra i giovani italiani che conosco, tanti vengono danneggiati dai padri altrui... e dai propri coetanei: la minoranza dei figli di papà, quelli che in Italia ci stanno benissimo perché non si fanno mancare nulla. L'America, fra tanti difetti enormi, ha delle qualità innegabili. In politica le dinastie esistono anche qui, nel mondo del lavoro molto meno. Non c'è un Gates junior alla guida di Microsoft dopo il fondatore Bill, né un Jobs junior alla guida di Apple dopo la scomparsa di Steve. Per esserne sicuri, alcuni capitalisti americani diseredano i figli alla nascita. I nostri capitalisti parlano di meritocrazia ai convegni della Confindustria, poi guardi i loro cognomi e le loro storie, sono quasi tutti rampolli ereditari, figli di papà o nipoti del nonno fondatore. Tradimento delle élite: come prendere sul serio una classe dirigente così cialtrona?

Poi ci sono gli intellettuali, categoria alla quale in senso lato appartengo pure io. In Italia, anche loro «tengono famiglia». Donde la disgustosa Parentopoli delle cattedre universitarie. Neanche nella Francia prerivoluzionaria, nell'Ancien Régime monarchico, il mestiere di docente universitario si ereditava di padre in figlio come da noi. Occasionalmente, le varianti sono le figlie. I nipoti. I cugini. L'Italia spende solo l'1,27 per cento del Pil in ricerca – al 18° posto tra i paesi industrializzati –, ma quel poco se lo accaparrano le famiglie che dell'università hanno fatto una loro proprietà privata. Il presidente dell'authority anticorruzione, Raffaele Cantone, quando fu nominato in quell'alto incarico forse pensava di dover affrontare soprattutto mafia, camorra, infiltrazioni di grande criminalità negli appalti e in altri settori dell'economia. È stato sorpreso, per sua stessa ammissione, dalla valanga di denunce che riguardano il nepotismo universitario. Ma gli intellettuali italiani – talvolta gli stessi che scrivono sui nostri giornali, gli stessi che esaltano la meritocrazia – non conoscono la vergogna. Cito da un collega del «Corriere della Sera», Sergio Rizzo, la risposta che diede Luigi Frati, rettore dell'università La Sapienza di Roma e preside per anni della facoltà di Medicina, a chi gli chiedeva spiegazioni sulle promozioni dei tre familiari (moglie, figlio, figlia) nella stessa facoltà: «Quando Cesare Maldini è diventato commissario tecnico della Nazionale di calcio, Paolo Maldini non è stato buttato fuori dalla squadra». (*Favori agli amici e concorsi truccati. In cattedra finiscono i figli dei prof*, di Sergio Rizzo, «Corriere della Sera», 24 settembre 2016.)

Tradimento delle élite: non c'è da stupirsi se gli intellettuali italiani, giornalisti inclusi, sono considerati «casta», autoreferenziali, immersi nei conflitti d'interessi, avvezzi a predicare bene e razzolare male. Raccomandazioni, favoritismi, concorsi truccati, promozioni ai figli dei soliti noti: questo andazzo mi viene regolarmente descritto come la prima causa della fuga all'estero, dai ragazzi e dalle ragazze espatriati qui in America.

L'ultimo decennio ha sconvolto l'ordine economico: i figli sono più poveri dei genitori, e forse destinati a rimanerlo. Non era mai accaduto dal dopoguerra fino al passaggio del Millennio. L'Italia si distingue, fra tutti i paesi avanzati, come il paese in cui questo ribaltamento generazionale è più dirompente. L'impoverimento generalizzato e l'inversione delle aspettative sono i fenomeni documentati nell'ultimo Rapporto del

McKinsey Global Institute, intitolato «Poorer than their parents? A new perspective on income inequality» (Più poveri dei genitori? Una nuova prospettiva sull'ineguaglianza dei redditi). Il fenomeno è di massa e praticamente senza eccezioni nel mondo sviluppato anche se a livelli diversi. Contribuisce a spiegare – secondo lo stesso Rapporto McKinsey – il disagio sociale che alimenta populismi di ogni colore, da Brexit a Trump. Per effetto dell'impoverimento e dello shock generazionale, una quota crescente di cittadini non crede più ai benefici dell'economia di mercato, della globalizzazione, del libero scambio.

Lo studio di McKinsey ha preso in esame le 25 economie più ricche del pianeta. C'è dentro tutto l'Occidente: Europa e Nordamerica. In quest'area il disastro si compie nella decade compresa fra il 2005 e il 2014: include la grande crisi del 2008, ma in realtà il trend era cominciato prima. Fra il 65 e il 70 per cento della popolazione si ritrova al termine del decennio con redditi fermi o addirittura in calo rispetto al punto di partenza. Il problema affligge tra 540 e 580 milioni di persone, una platea immensa. Non era mai accaduto nulla di simile nei sessant'anni precedenti, cioè dalla fine della seconda guerra mondiale. Fra il 1993 e il 2005, per esempio, solo una minuscola frazione della popolazione (2 per cento) aveva subito un arretramento nelle condizioni di vita. Ora l'impoverimento è un tema che riguarda la maggioranza. L'Italia si distingue per il primato negativo. È in assoluto il paese più colpito: il 97 per cento delle famiglie italiane al termine di questi dieci anni è ferma al punto di partenza o si ritrova con un reddito diminuito. Al secondo posto arrivano gli Stati Uniti, dove stagnazione o arretramento colpiscono l'81 per cento della popolazione. Seguono Inghilterra e Francia. Sta decisamente meglio la Svezia, dove solo una minoranza del 20 per cento soffre di questa sindrome. Ciò che fa la differenza, alla fine, è l'intervento pubblico. Il modello scandinavo ha ancora qualcosa da insegnarci. In Italia, guardando ai risultati di questa indagine, non vi è traccia di politiche sociali che riducano le diseguaglianze o compensino la crisi del reddito familiare.

L'altra conclusione del Rapporto McKinsey riguarda i giovani: la prima generazione, da molto tempo, che sta peggio dei genitori. «I lavoratori giovani e quelli meno istruiti» si legge nel Rapporto «sono colpiti più duramente. Rischiano di finire la loro vita più poveri dei loro padri e delle loro madri.» Questa generazione ne è consapevole, l'indagine lo conferma: ha introiettato lo sconvolgimento delle aspettative.

Lo studio non si limita a tracciare un quadro desolante, vi aggiunge alcune distinzioni cruciali per capire come uscirne. Il caso della Svezia viene additato come un'eccezione positiva dove le politiche economiche dei governi e gli interventi sul mercato del lavoro hanno contrastato con successo il trend generale. «Lo Stato in Svezia si è mosso per mantenere i posti di lavoro, e così per la maggioranza della popolazione alla fine del decennio i redditi disponibili erano cresciuti.» Perfino l'iperliberista America, però, ha fatto qualcosa per contrastare le tendenze di mercato. Riducendo la pressione fiscale sulle famiglie e aumentando i sussidi di Welfare, gli Stati Uniti hanno agito per compensare l'impoverimento con qualche successo. In Italia, una volta incorporati gli effetti delle politiche fiscali e del Welfare, il risultato finale è ancora peggiore: si passa dal 97 al 100 per cento, quindi la totalità delle famiglie sta peggio in termini di reddito disponibile.

Se lasciata a se stessa, l'economia non curerà l'impoverimento neppure se dovesse ricominciare a crescere: «Perfino se dovessimo ritrovare l'alta crescita del passato, dal 30 per cento al 40 per cento della popolazione non godrà di un aumento dei redditi». E se invece dovesse prolungarsi la crescita debole dell'ultimo decennio, dal 70 all'80 per cento delle famiglie nei paesi avanzati continuerà ad avere redditi fermi o in diminuzione.

Un giorno la chiameremo Generazione Giappone? I più giovani, non solo nel paese del Sol Levante ma anche in Occidente, avranno conosciuto per un bel pezzo della loro vita un mondo a tasso zero. Come se il risparmio non dovesse mai rendere nulla. Come se l'inflazione fosse un fenomeno esotico, da paesi emergenti, oppure un ricordo tramandato dai nonni. Generazione Giappone, perché è a Tokyo che l'esperimento della politica monetaria raggiunge le punte più estreme: tasso zero «forever». E non è rassicurante. Le banche centrali manipolano i mercati con un obiettivo nobile e urgente: rilanciare la crescita, l'occupazione. L'obiettivo, però, non viene raggiunto né in Giappone né in Europa. L'unica certezza è che i mercati sono falsati, il risparmio non rende più nulla, i fondi pensione sono in crisi. Senza l'ombra di una ripresa del potere d'acquisto, della fiducia, dei consumi e degli investimenti, resta solo un numero impresso su tutto. Lo zero, appunto.

Nella gara tra i moderni apprendisti stregoni che sono i banchieri centrali, un nuovo primato lo ha segnato il Giappone. La banca centrale di quella che resta la terza nazione più ricca del pianeta ha deciso di inchiodare a zero il rendimento dei titoli pubblici decennali, per un lungo periodo, in modo da tenere sottozero gli altri tassi d'interesse. Il Giappone è il grande malato delle economie sviluppate, la sua crisi è cominciata diciotto anni prima delle altre, con il crac del 1989 che sgonfiò le due bolle speculative della Borsa di Tokyo e del mercato immobiliare. Ci sono ormai delle biblioteche di studi sulla depressione nipponica, che il premio Nobel Paul Krugman consiglia agli europei di studiare da vicino. Nella politica monetaria «estrema» applicata da Tokyo ci sono lezioni utili a tutti. Con i tassi negativi la banca centrale di fatto sta pagando le banche commerciali purché facciano credito a qualcuno, ma se «il cavallo non beve» non lo si può costringere. Altra similitudine è con la corda: spingerla non puoi.

Certi tassi ultraminimi che gli investitori oggi accettano su titoli pubblici decennali ventennali e trentennali, non solo nipponici ma anche europei e perfino americani, equivalgono implicitamente alla previsione che non ci sarà una vera e vigorosa ripresa per un'intera generazione. Se ci fosse in vista una ripresa «classica», tornerebbe l'inflazione e quindi la necessità di compensare il risparmio dall'erosione del suo valore monetario. I mercati possono sbagliare, e in questo caso la loro capacità previsionale è manipolata in modo frenetico dall'azione delle banche centrali. L'unico precedente di una misura analoga a quella varata a Tokyo fu quando, nell'immediato dopoguerra, gli Stati Uniti manipolarono i tassi per schiacciarli al ribasso e ridurre il costo del rimborso dei debiti contratti nel 1941-45 per finanziare lo sforzo bellico. Ma almeno quella volta durò poco, e arrivò il boom.

Paradiso svedese, inferno italiano. Torno al Rapporto McKinsey sull'impoverimento generazionale per capire perché esalta il modello scandinavo come antidoto alla regressione del tenore di vita che affligge le economie più avanzate. E perché mette all'indice il nostro paese, il peggiore di tutto l'Occidente per la performance economica misurata nell'arco di un decennio. Eppure, tutti i paesi esaminati nell'indagine hanno subito lo stesso shock esterno: dopo la crisi finanziaria globale del 2008 il Pil si è ridotto in tutte le economie senza eccezione. Il modello svedese si fonda su una serie di ricette originali, a cominciare dai rapporti di forze sociali. «Il 68 per cento dei lavoratori svedesi sono sindacalizzati», un record in tutto l'Occidente. Questo li ha resi capaci di spostare in loro favore la distribuzione nazionale del reddito, la ripartizione della «torta» fra profitti e salari. È un tema centrale, perché nell'insieme dell'Occidente questo è un periodo dominato da una dinamica totalmente opposta: «I profitti delle imprese sono saliti ai livelli record dagli ultimi tre decenni, +30 per cento rispetto al 1980».

Torna in primo piano la battaglia distributiva, che era stata al centro dell'attenzione negli anni Settanta, poi fu contrastata dal liberismo che dava la priorità alla crescita. Da Ronald Reagan e Margaret Thatcher in poi, si è imposto il dogma secondo cui non conta la diseguaglianza tra i ricchi e il resto della società, perché «quando sale la marea alza tutti i battelli, grandi e piccoli». Più di trent'anni dopo, lo studioso delle diseguaglianze Thomas Piketty sconfigge il padre del neoliberismo Milton Friedman. Un eccesso di diseguaglianze contribuisce alla «stagnazione secolare», bloccando la crescita. Lo stesso Rapporto McKinsey è generoso di riconoscimenti verso Piketty: a conferma che ormai l'attenzione alle diseguaglianze è trasversale, non è un tema «ideologico». (La società McKinsey, nota soprattutto per le consulenze d'impresa, non ha fama di essere un think tank radicale.)

Il modello Svezia, così come lo illustra questa indagine, contiene vari altri ingredienti che si riconducono all'importanza dell'intervento pubblico. Sono state messe in opera «normative per proteggere i salari». Dopo la crisi finanziaria globale il governo svedese «ha operato d'intesa con i sindacati per raggiungere accordi di riduzione temporanea degli orari di lavoro, in alternativa ai licenziamenti, in modo da mantenere alti livelli di occupazione». Sono state «aumentate le assunzioni con contratti a tempo determinato nei servizi pubblici», sempre al fine di contrastare l'aumento della disoccupazione. «Sono stati ridotti gli oneri sociali e il cuneo fiscale per le imprese. Sono stati offerti incentivi fiscali per le assunzioni di giovani e disoccupati di lungo periodo.»

Le lezioni dalla Svezia non mancano; insieme con le difficoltà a esportarle da Stoccolma a Roma. Da una parte, il «paradiso svedese» è la conferma della bontà delle ricette keynesiane: in una recessione o in una prolungata stagnazione, lo Stato è l'unico ad avere la capacità di rianimare un'economia esangue. La Svezia ha più autonomia nel decidere politiche di bilancio neokeynesiane, in quanto non fa parte dell'Eurozona e quindi non è sottoposta alle stesse rigidità (rifiutò di entrare nell'euro con il referendum del 2003). Parte anche da una situazione di bilancio molto più florida della nostra: il suo debito pubblico era inferiore al 40 per cento del Pil prima della grande crisi, è aumentato da allora, ma rimane ben inferiore ai livelli italiani. Ha un'evasione fiscale tra le più basse del mondo; e una spesa pubblica notoriamente efficiente, poco viziata da clientelismi e sprechi. Un modello davvero, in tutti i sensi. Rilanciare la spesa pubblica in Italia si presta sempre all'antico sospetto: che sia una manna riservata a poche categorie, come il pubblico impiego, e in cima a tutti i soliti noti, le caste, per esempio quelli di Parentopoli.

Quello che il «Wall Street Journal» ha definito «il cambiamento più sottovalutato del 2016» sta avvenendo in tutto l'Occidente più Cina e Giappone. È l'abbandono dell'austerity. In alcune nazioni la svolta è conclamata. In altre, più legate all'ortodossia, avviene alla chetichella, nei fatti, senza avanzare nuove teorie alternative. Ma il cambiamento è netto e generale. Che cosa stia accadendo nella realtà lo illustra uno studio realizzato dagli economisti della banca americana JPMorgan Chase. Il segno netto delle politiche di bilancio in tutto il mondo sviluppato è cambiato proprio tra il 2015 e il 2016. La direzione del cambiamento è univoca, anche se i mix di misure variano tra chi privilegia la riduzione delle imposte e chi punta più sull'aumento della spesa pubblica. Tutti insieme, all'unisono, si muovono verso l'abbandono del rigorismo e qualche dose di stimolo alla crescita. La dimensione di questi cambiamenti può essere modesta, ma il nesso con il clima politico è evidente. Greg Ip, sul «Wall Street Journal», ci vede il risultato dell'«ascesa globale dei populismi». In America il termine non è mai stato dispregiativo. Populismi di destra e di sinistra vengono considerati tutti quei movimenti che vogliono ricondurre la democrazia americana alle sue origini: «We,

The People». Noi, il Popolo: così si apre il Preambolo alla Costituzione degli Stati Uniti. Si ricorda che l'era delle prime riforme progressiste, come l'antitrust di Theodore Roosevelt, fu resa possibile da vaste proteste di populisti di sinistra. Oggi vengono definiti populisti Donald Trump così come Bernie Sanders. E i populismi di ogni colore stanno condizionando pure leader più moderati e tradizionali, come Angela Merkel. Anche nei casi – vedi la Germania – in cui rimane l'adesione formale all'ortodossia sul pareggio di bilancio, le azioni rivelano una realtà diversa. Complici le scadenze elettorali, e l'avanzata dei populismi, per l'appunto.

L'analisi grafica del rapporto JPMorgan è istruttiva perché tutte le maggiori economie avanzate, Occidente più Giappone, sono raffigurate da linee rette che muovono nello stesso senso: verso un segno «più» della politica di bilancio, quello che si ottiene facendo il saldo netto fra la pressione fiscale (che sottrae domanda ai consumi e agli investimenti) e la spesa pubblica (che accresce la domanda stessa). Per la prima volta dal 2009, conclude JPMorgan, l'impatto complessivo delle politiche di bilancio è di stimolo alla crescita.

Gli Stati Uniti non hanno mai sposato l'austerity come dottrina ufficiale, tantomeno i parametri di Maastricht. Nel buio della crisi del 2009 Barack Obama varò una maximanovra da 800 miliardi, che fece schizzare il rapporto deficit/Pil fino al 12 per cento, il quadruplo del limite consentito dal Patto di stabilità europeo. I sette anni di crescita Usa cominciano proprio da lì. In seguito, però, lo scontro duro fra Obama e il Congresso ha paralizzato le politiche di bilancio, imprimendo un segno neutro o perfino leggermente negativo. Nel 2016 è cambiato il vento: anno di elezioni.

L'Inghilterra è un altro caso da manuale. Tra le vittime dello shock Brexit va annoverato anche l'obiettivo di un bilancio in pareggio, a cui teneva David Cameron e che la nuova premier Theresa May tacitamente abbandona. In Germania, il ministro delle Finanze Wolfgang Schäuble ha annunciato riduzioni d'imposte e aumenti di spesa per oltre 15 miliardi in un biennio. E lo stesso governo tedesco ha avallato la scelta di chiudere un occhio su paesi come Spagna e Portogallo, che hanno «sforato» i limiti di deficit.

Il Giappone ha varato l'equivalente di 73 miliardi di programmi di investimenti pubblici. C'è anche il caso della Cina, seconda economia del pianeta ancorché emergente. Pechino come Washington non ha mai aderito all'austerity, ma in questo momento si allontana ancora più di prima dal rigore del bilancio pubblico. Pur di contrastare il vistoso rallentamento nella crescita cinese, il presidente Xi Jinping torna a manovrare con vigore le leve dell'investimento pubblico. L'austerity è defunta, anche se celebrarne il funerale apertamente è un gesto politico che molti esitano a fare.

E se non bastasse neppure questo, per spezzare il trend dell'impoverimento generazionale? Il caso americano mette in guardia. Anche se all'Europa farebbe un gran bene un settennato di crescita «obamiana», bisogna ammettere che crescere non è più una condizione sufficiente per invertire il degrado delle aspettative dei giovani.

Il dato migliore che riguarda l'America segnala una svolta positiva per tutti, avvenuta nel 2015. È un balzo in avanti nel reddito dell'americano medio, cresciuto in un anno al netto dell'inflazione del 5,2 per cento (il dato riguarda un reddito standard di 56.000 dollari annui lordi).

Un analogo miglioramento del reddito medio in un singolo anno non si verificava dal lontano 1967. La ripresa Usa che dura da oltre sette anni aveva finora trascurato proprio la vasta *middle class*. Nonostante la crescita del Pil, nonostante i 15 milioni di posti di lavoro creati da quando Barack Obama si insediò alla Casa Bianca, la maggioranza degli americani non «sentiva» veramente la fine della crisi nelle proprie buste paga, nel proprio tenore di vita. È stato solo al settimo anno che si è spezzata la regola perversa per cui i benefici della ripresa si concentravano in modo sproporzionato nelle tasche di pochi. Per la prima volta è diventata una ripresa «per tutti»: il rapporto del Census Bureau (lo stesso che cura i censimenti decennali) dice che l'aumento consistente del reddito lo hanno avuto anche i giovani, i neri, gli immigrati. Sono diminuiti i poveri, ben 3,5 milioni di americani si sono risollevati al di sopra della soglia della miseria, fissata a 24.000 dollari annui per una famiglia di quattro persone.

Commentando quel dato nel settembre 2016, il presidente uscente si è permesso un tocco d'ironia autogratificante. Dopo avere enumerato le statistiche positive ha detto: «Grazie, Obama». A futura memoria. Nel fare un bilancio di questo presidente si dovrà pur ricordare che ereditò dal repubblicano George W. Bush la peggiore crisi economica dopo la Grande Depressione degli anni Trenta. E tuttavia, l'autocongratulazione scherzosa è durata solo per un attimo. Subito dopo lo stesso presidente ha elencato dubbi che ancora assillano gli americani: «Si chiedono se i loro figli ce la faranno; quanti debiti dovranno fare per ottenere una laurea; quali vulnerabilità rimangono dopo il crac Lehman; quali sono i rischi legati alla globalizzazione, all'automazione, agli effetti delle tecnologie sul lavoro».

La lista si può allungare. L'ottimo 2015 non basta a far risalire il reddito dell'americano medio al livello in cui si trovava nel 2007, cioè subito prima della crisi; tantomeno ai livelli di benessere toccati alla fine degli anni Novanta. Le diseguaglianze sociali rimangono estreme, il 5 per cento della nazione ha incassato il 22 per cento del reddito nazionale e la disparità è ancora più acuta se si guarda ai patrimoni posseduti: qui il trend negativo risale addirittura agli anni Ottanta; un anno buono non rovescia una tendenza così antica. Altro elemento di preoccupazione: se ci vogliono sette anni di ripresa per cogliere finalmente dei benefici ben distribuiti su tutta la popolazione, vuol dire che le fasi di convalescenza e recupero dopo una recessione diventano sempre più lunghe. Intere fasce di popolazione, pur stando meglio, si sentono intrappolate in uno scenario di aspettative decrescenti, convinte che i figli saranno più poveri di loro. Un'annata felice non cambia questi sentimenti. Né basta a smentire quegli economisti che diagnosticano per ragioni strutturali una «stagnazione secolare» in tutto l'Occidente.

Anche se l'America resta il traguardo ambito da tanti giovani italiani, un paese dove le cattedre universitarie non si ereditano, un paese dove il mondo delle imprese non è in mano ai figli di papà, dove l'economia è più dinamica e vigorosa, tuttavia anche qui il bilancio finale resta problematico: se non bastano sette anni di crescita, il male è profondo, le soluzioni devono essere radicali.

V

Globalizzazione addio

Dove abbiamo sbagliato? La globalizzazione doveva renderci tutti un po' più ricchi, stando alle promesse iniziali: che cosa non ha funzionato?

Il governo francese è stato tra i primi a gettare la spugna, arrivato all'ultima tappa della globalizzazione ha definito «impossibile un accordo Usa-Ue sul trattato di libero scambio», almeno per il 2016. Molti leader francesi hanno guidato per anni una «fronda» protezionista, il loro pessimismo sul più recente dei trattati forse non stupisce. Ma dalla sponda opposta, cioè dal partito dei sostenitori del Ttip (Transatlantic Trade and Investment Partnership), il Trattato transatlantico sul commercio e gli investimenti), arriva un messaggio analogo. In Italia Carlo Calenda, ministro dello Sviluppo economico, che ha sempre difeso i benefici del Ttip per la nostra economia, si arrende: «Manca la fiducia verso tutto ciò che sa di internazionalizzazione». Alla fine anche la Germania ha abbandonato l'obiettivo di un'approvazione rapida.

L'atmosfera è simile sulla mia riva dell'Atlantico. Barack Obama rischia di non portare a casa prima della fine del suo mandato neppure la ratifica del

Tpp (Trans-Pacific Partnership), l'altro trattato con l'Asia-Pacifico che pure è arrivato molto più avanti nell'iter di approvazione. Il libero scambio è stato attaccato da tutte le parti nella campagna elettorale americana. Donald Trump ha rotto con l'antica tradizione liberista del Partito repubblicano chiedendo l'abrogazione del mercato unico nordamericano che unisce gli Stati Uniti a Canada e Messico (North American Free Trade Agreement, Nafta). Anche Hillary Clinton, incalzata a sinistra da Bernie Sanders, che le ha dato tanto filo da torcere durante le primarie democratiche, e a destra dal protezionismo di Trump, che seduce i colletti blu, ha preso le distanze da questi accordi globali. Poiché in passato Hillary fu favorevole alle liberalizzazioni, la constatazione s'impone: perfino in quell'America che ne fu la regista, la globalizzazione è ormai entrata in uno stallo politico.

I trattati contestati sono molto diversi fra loro. Il Tpp include paesi emergenti come il Vietnam. Quindi si presta alla critica tradizionale che suona così: abbattendo le barriere con quei paesi, noi occidentali ci costringiamo a una gara al ribasso, dovendo competere con chi ha salari inferiori, meno protezioni sociali, poche regole a difesa dell'ambiente. Obama reagisce sdegnato: «È proprio grazie a quell'accordo che in Vietnam stanno nascendo sindacati liberi. Questi trattati non sono come quelli del passato, ci consentono di esportare i nostri standard. Se non lo facciamo, sarà la Cina a dettare le regole della globalizzazione futura». Tant'è, questo messaggio del presidente uscente non convince la maggioranza dei suoi cittadini. Le polemiche sono più infuocate che mai, contro le delocalizzazioni e la concorrenza dei paesi emergenti. Inoltre, nella cabina di regia dei negoziati contano troppo le lobby: dalla finanza alla Silicon Valley, dall'agrobusiness a Big Pharma. Cosa che non rassicura gli avversari di sinistra e più in generale i lavoratori, i consumatori.

L'accordo in gestazione tra Europa e Stati Uniti è diverso. Qui si ridurrebbero barriere tra aree economiche già sviluppate, con livelli di ricchezza comparabili. È significativo l'armamentario di argomenti usato in difesa del Ttip dall'italiano Calenda alla Camera dei deputati il 15 giugno 2016. Il ministro del governo Renzi ha ricordato che la prima fase della globalizzazione, all'inizio degli anni Novanta, fu asimmetrica: noi aprivamo le nostre frontiere ai prodotti dei paesi emergenti senza chiedere subito la reciprocità (cioè uno sbocco altrettanto facile per i nostri prodotti in casa loro), perché li consideravamo i soggetti deboli. In seguito avremmo ottenuto l'apertura dei loro mercati, questo almeno era il progetto. Quell'asimmetria ha generato effetti che oggi vengono contestati in tutto l'Occidente: mezzo pianeta ha imboccato la strada dello sviluppo, ma a casa nostra prima la classe operaia e ora anche una larga parte del ceto medio si sono sentiti risucchiare verso il basso, i loro redditi hanno smesso di crescere o si sono impoveriti.

Ma ora – ci dicono i difensori dei trattati – siamo in una fase nuova, «il Ttip ha l'obiettivo di riportare il timone della globalizzazione nelle nostre mani, è un antidoto agli squilibri causati dalla globalizzazione». Ci rassicurano sul fatto che in materia di salute del consumatore l'Unione europea ha mantenuto il suo «principio di precauzione» come irrinunciabile. Non rientrano nei negoziati gli organismi geneticamente modificati

(Ogm), che quindi resterebbero esclusi in Europa anche nell'ipotesi che si firmasse l'accordo atlantico.

Questi dettagli, per quanto importanti, contano sempre meno agli occhi dell'opinione pubblica. Il contenuto del trattato passa in secondo piano, di fronte al terremoto geopolitico. Brexit mette fuori gioco il Regno Unito, che di tutti i paesi europei è stato da sempre il più favorevole al libero scambio. S'indebolisce l'asse atlantico. Le forze politiche in ascesa sono d'impronta nazionalista, favorevoli al protezionismo. Sta franando in tutte le capitali europee, così come a Washington, il mandato politico che sosteneva la globalizzazione. La Germania partecipa a questo cambio di clima, eppure è una potenza esportatrice che continua ad accumulare attivi commerciali col resto del mondo, invade gli altri paesi dei propri prodotti, è una «vincitrice netta» della globalizzazione; tant'è, una delle più gigantesche manifestazioni di protesta contro il trattato Ttip si è svolta proprio a Berlino nel 2015.

«La competizione globale» ammette Obama riflettendo sul nuovo clima protezionista «dà a molti lavoratori la sensazione che li abbiamo abbandonati. Provoca diseguaglianze ancora maggiori. I privilegiati accumulano straordinarie ricchezze e potere. L'angoscia è reale. Quando la gente è spaventata, ci sono politici che sfruttano queste frustrazioni.» Pronunciate dopo il risultato del referendum inglese, queste parole del presidente degli Stati Uniti abbracciano fenomeni comuni a tutto l'Occidente. Forti correnti dell'opinione pubblica appoggiano i politici che promettono un ritorno all'indietro, verso un'Età dell'Oro pre-globalizzazione. È un vasto rigetto delle frontiere aperte, dei mercati comuni, dei trattati di libero scambio, oltre che dell'immigrazione. Viene rimesso in discussione tutto ciò che sotto il termine di globalizzazione ha segnato l'ordine economico mondiale nell'ultimo quarto di secolo. Una storia che ha origini in due trattati: l'atto che crea nel 1993 il grande Mercato unico europeo; il Nafta, negoziato nel 1992 e ratificato nel 1994 tra Stati Uniti, Canada e Messico. Parte da quei due cantieri la costruzione di un sistema che in seguito si estenderà fino ad abbracciare la Cina e altre nazioni emergenti. Ma fin dall'inizio Mercato unico e Nafta avevano in embrione i problemi destinati a esplodere oggi.

Le riforme di mercato degli anni Novanta arrivano al termine di un'offensiva neoliberista travolgente: gli anni Ottanta con Ronald Reagan e Margaret Thatcher hanno delegittimato l'economia mista, il capitalismo di Stato, la pianificazione, la concertazione sindacale. Il crollo del Muro di Berlino ha sancito il fallimento finale dei sistemi comunisti, le cui economie erano già affondate in una inefficienza irreparabile. L'implosione dell'Urss e dei suoi satelliti è l'altra faccia di una storia di successo che ha baciato le economie di mercato: di qua dal Muro, l'America e l'Europa occidentale hanno conosciuto decenni di sviluppo e diffusione del benessere, che hanno coinciso con i primi smantellamenti di barriere doganali.

Dal 1947 al 1995 il Gatt e la Cee sono stati i primi esperimenti di libero scambio. Con gli anni Novanta la parola d'ordine diventa: andare più avanti, molto più avanti. Reagan-Thatcher sposano le teorie di Milton Friedman, premio Nobel dell'economia, capo della «scuola di Chicago». Qualsiasi ostacolo che freni il mercato va abolito perché impedisce il dinamismo e la creazione di ricchezza. Senza più barriere e protezionismi ciascun paese può specializzarsi nelle cose che fa meglio e sfruttare i propri «vantaggi comparativi».

Fin da allora si levano alcune voci critiche. Jacques Delors, socialista e cattolico, è il presidente della Commissione europea che gode dell'appoggio di François Mitterrand. Delors è al timone a Bruxelles quando viene avviata la costruzione del Mercato unico. Lui, però, vede la necessità che il Mercato unico sia accompagnato da una «carta sociale» dei diritti, e lo dice: per evitare che la competizione fra paesi di livello diverso si trasformi in una «rincorsa al ribasso» verso il minimo comune denominatore. Nel Mercato unico così come si è costruito concretamente c'è rimasto qualcosa dell'idea di Delors. Tant'è che i conservatori inglesi già allora denunciavano un'Europa «socialista» che imponeva rigidità al loro mercato del lavoro, più simile a quello americano. È di quegli anni un progresso nelle tutele dei consumatori, terreno sul quale l'Europa parte tardi ma sorpassa rapidamente gli Stati Uniti.

Il Mercato unico è più di un'area di libero scambio. Elimina barriere occulte all'esportazione di beni e anche di servizi; abolisce ostacoli alla circolazione di tutti i fattori di produzione: dà libertà ai movimenti di capitali e all'emigrazione di manodopera. Coordina politiche fiscali, industriali, agricole. Crea regole standard in quasi tutti i settori. Apre il mercato dei lavori pubblici. Vieta gli aiuti di Stato. Il celebre Rapporto di Paolo Cecchini (eseguito su richiesta di Delors) prevedeva, tra i benefici del Mercato unico, due milioni di posti di lavoro.

Il Nafta dal 1° gennaio 1994 è un esperimento simile applicato a tutto il Nordamerica: un'area che oggi include 480 milioni di abitanti. Lo firma un presidente democratico, Bill Clinton, con una dichiarazione scolpita nella pietra, che ancora oggi viene rinfacciata a sua moglie Hillary. «Il Nafta» dice Bill quando firma il trattato «significa lavoro. Nuovi posti per gli americani, ben pagati.» Fin dall'inizio ci furono resistenze. I sindacati, e non solo. Clinton aveva conquistato la Casa Bianca perché, nell'elezione del 1992, a rubare voti al presidente uscente George Bush senior era sceso in campo un terzo candidato indipendente, un Trump *ante litteram*: l'industriale Ross Perot. Lo slogan più celebre di Perot contro Bush padre, che aveva negoziato il Nafta, era il seguente: «Quel trattato succhierà fabbriche e occupazione dagli Usa al Messico, dal confine messicano sentiremo il rumore di un grande vortice aspiratutto che porterà via i nostri posti di lavoro». Perot puntava il dito sul divario salariale: la paga oraria di un operaio messicano arrivava a stento a un decimo di quella Usa.

Fra gli argomenti che Trump ha usato nella campagna elettorale del 2016, oltre al muro contro l'immigrazione c'era la promessa di pesanti ritorsioni e multe contro le imprese Usa che delocalizzano nei paesi a basso salario, e anche Sanders era sulla stessa lunghezza d'onda. Uno studio indipendente del Congressional Research Service, un quarto di secolo dopo, definisce «modesti» i benefici del Nafta. La confederazione sindacale Afl-Cio ha censito oltre 700.000 posti di lavoro trasferiti dagli Usa al Messico. Se si allarga lo sguardo oltre il Messico, si arriva a 3 milioni di posti operai eliminati nella vecchia Rust Belt, la «cintura della ruggine», gli Stati industriali del Midwest che furono il centro della potenza industriale Usa per due secoli.

Come Trump lo è stato per la destra, così Sanders è stato a sinistra il candidato anti-establishment. Ha entusiasmato tanti giovani, tradizionalmente assenteisti alle elezioni americane. Molti dei suoi obiettivi sono stati recepiti nella piattaforma elettorale del Partito democratico e dalla candidata Hillary. Tra questi: un salario minimo federale di 15 dollari all'ora, una carbon tax anti-inquinamento, l'università gratuita per i figli di famiglie con un reddito inferiore a 125.000 dollari annui, una correzione della riforma sanitaria di Obama per includervi l'opzione di un servizio sanitario pubblico. L'appoggio di Sanders alla Clinton ha spostato a sinistra l'asse del Partito democratico. Un partito che, ai tempi in cui era presidente il marito di Hillary, abbracciò con molta convinzione il credo economico neoliberista. Ancora più significativo è il fatto che Hillary ha dovuto prendere le distanze dai trattati di libero scambio. Ha criticato esplicitamente il Tpp, nonostante il trattato (non ratificato) porti la firma di Obama. Questo dà la misura dell'immensa distanza politico-culturale che separa i democratici di oggi da quelli degli anni Novanta. Gli anni Novanta si chiusero con Bill Clinton alla Casa Bianca e un passaggio chiave nella storia della globalizzazione: il vertice simbolo a Seattle. Un evento che già allora incontrò forti resistenze, ma che porta le impronte della leadership democratica.

30 novembre 1999: quel giorno Seattle è sotto assedio. Un summit tra capi di Stato deve varare i nuovi negoziati mondiali sulla liberalizzazione degli scambi. Protagonista è la World Trade Organization (Wto), Organizzazione del commercio mondiale, arbitro e cabina di regia della globalizzazione. Ma su Seattle

converge la «madre di tutte le proteste»: 40.000 manifestanti, in una serie di cortei in cui si fondono i sindacati operai, le ong ambientaliste, i primi black-bloc. Irrompe sulla scena il movimento no-global. Il vertice finisce nel caos: molti leader dei governi, assediati negli alberghi, non riescono neppure a raggiungere il centro congressi, avvolto in nuvole di lacrimogeni, le forze dell'ordine sono sopraffatte. L'81ª Brigata della Washington State Patrol batte in ritirata. Si dimette il capo della polizia di Seattle. Bill Clinton deve chiamare la Guardia nazionale. Quel giorno viene scritto un copione che si ripeterà in molti summit successivi, raggiungendo l'apice al G8 di Genova nel luglio 2001 (un morto negli scontri, strascichi di denunce e di processi per le violenze di polizia che dureranno fino ai nostri giorni). Perfino il World Economic Forum di Davos, l'esclusivo ritrovo dei vip a ogni fine gennaio sulle montagne dei Grigioni, dopo i precedenti di Seattle e Genova è costretto a blindarsi con misure di protezione prima sconosciute.

Seattle lancia temi che sono ancora attuali: gli effetti della globalizzazione sui salari occidentali; i danni per l'ambiente e la salute dei consumatori; lo strapotere delle multinazionali. Diciassette anni fa era già vivace quella critica che oggi prende di mira una nuova generazione di trattati, il Tpp tra America e Asia-Pacifico, il Ttip tra Stati Uniti e Unione europea. Ma la vera ragione per cui fallisce il vertice di Seattle è un'altra: 40 delegazioni governative venute dall'Africa e dall'America latina respingono l'accordo; sono i paesi dell'emisfero Sud a far saltare le trattative, allora, perché si ritengono sopraffatti dagli interessi del capitalismo occidentale. Il movimento no-global condivide questa narrazione. Anche in Occidente gli avversari della globalizzazione pensano che nel nuovo assetto economico mondiale i perdenti saranno i paesi in via di sviluppo. Il tema dell'ingiustizia viene declinato lungo l'asse Nord-Sud. Lo stesso vale per i primi guru teorici del no-global. Il più celebre è Joseph Stiglitz, che vince il Nobel per l'economia nel 2001, dopo avere «divorziato» dall'ortodossia liberale: negli anni Novanta era stato consigliere economico di Bill Clinton e capo economista della Banca mondiale. Il suo libro *La globalizzazione e i suoi oppositori* (del 2002) è un attacco al «consenso di Washington», quello che in seguito sarebbe stato battezzato il «pensiero unico»: le dottrine a base di austerity e privatizzazioni che la Casa Bianca e il Fondo monetario internazionale impongono ai paesi del Terzo Mondo. I progressisti in Occidente sono convinti che la globalizzazione sia un nuovo capitolo dell'imperialismo post-coloniale.

È a partire dal 2001, con l'ingresso della Cina nel Wto, che la storia imbocca una svolta improvvisa e dalle conseguenze inattese. La «cooptazione» della Repubblica popolare, la più grande nazione del pianeta e una superpotenza comunista, è un progetto *made in Usa*. Il capitalismo americano ha già articolato la sua strategia delle delocalizzazioni: spostare il manifatturiero dove i costi del lavoro sono più bassi, delegare alla periferia dell'impero le produzioni più inquinanti, concentrarsi sulle attività ad alto valore aggiunto. La Silicon Valley californiana ha capito per prima i vantaggi di una simbiosi con la Cina, la catena produttiva di Apple voluta da Steve Jobs è esemplare: gli ingegneri del software stanno a Cupertino in California, gli operai a Shenzhen in Cina.

Sul versante politico i maggiori protagonisti di questa fase sono quattro presidenti: Bill Clinton e George W. Bush (junior) da una parte, Jiang Zemin e Hu Jintao dall'altra. In Cina vince l'ala tecnocratica e pro business del Partito comunista, emarginando un'opposizione interna che rifletteva le stesse paure dei no-global occidentali: l'ala sinistra cinese era convinta che il Wto sarebbe stato il cavallo di Troia per la colonizzazione del paese a opera delle multinazionali occidentali. A partire dal dicembre 2001 la Cina entra a tutti gli effetti a far parte del «nostro mondo». Come membro del Wto le si spalancano nuovi mercati. Ha inizio una storia spettacolare di decollo trainato dalle esportazioni. Sarà uno shock storico. Il miracolo cinese si produce su dimensioni che non hanno precedenti. Dopo la Cina tocca all'India di Sonia Gandhi e Manmohan Singh; anche «l'elefante addormentato» si risveglia alla crescita con una terapia di liberalizzazioni (sia pure meno radicali di quelle cinesi e corrette da robuste dosi di protezionismo). Ben presto la geografia dello sviluppo si allarga, l'economista di Goldman Sachs Jim O'Neill inventa l'acronimo dei Brics, aggiungendo a Cindia anche Brasile, Russia e, infine, Sudafrica. Ironia della sorte, la sigla dei Brics, nata nell'ufficio studi della Goldman Sachs, finisce per materializzarsi in una realtà geopolitica, coi leader di quei cinque paesi che si riuniscono periodicamente in summit appositi dai quali l'Occidente è escluso.

In un quarto di secolo nasce nei paesi emergenti un ceto medio di 800 milioni di persone, un mercato immenso. Per loro, la globalizzazione ha un segno positivo. Non a caso, il regime autoritario di Pechino riesce a consolidare un consenso, e così smentisce brutalmente le profezie ottimiste di Clinton e Bill Gates sull'inevitabile transizione alla democrazia che avrebbe dovuto accompagnare il capitalismo.

L'economista Branko Milanović nel suo studio *Global Inequality* oggi ci apre gli occhi davanti a questa contraddizione: la globalizzazione ha reso il mondo meno ineguale nel senso che ha accorciato le distanze Nord-Sud; ma all'interno di ogni nazione ha divaricato la sorte dei ricchi da quella di tanti altri. «All'interno dei nostri paesi» dice Milanović «a coloro che sono stati impoveriti non possiamo rispondere che i cinesi stanno meglio: non è una consolazione.» Il premio Nobel Angus Deaton, un altro studioso delle diseguaglianze, aggiunge un'autocritica personale che si estende a molte élite intellettuali: «Mentre in America aumentano i suicidi dei nuovi poveri, io come molti accademici faccio parte dei beneficiati dalla globalizzazione: ha allargato il mercato per i miei servizi. Quelli fra noi che esprimono giudizi su questi fenomeni economici, non sono gli stessi che ne subiscono i costi». È un'autocritica di un esponente illustre delle élite, che non viene pronunciata spesso.

La frana dei titoli bancari nel post-Brexit. I risultati inquietanti degli «stress test» su diversi istituti di credito europei. L'allarme del Fondo monetario internazionale sul rischio sistemico di un colosso come la Deutsche Bank, il cui bilancio è strapieno di titoli derivati. La saga interminabile del Monte dei Paschi di Siena. Sono sussulti di una crisi bancaria senza fine, che riporta alla memoria la madre di tutti i crac, l'evento scatenante, il Ground Zero dello shock sistemico.

15 settembre 2008: un assembramento di telecamere circonda il grattacielo al numero 745 della 7ª strada, Manhattan. Riprendono «gli ultimi minuti della Lehman Brothers», la banca d'investimento che ha appena fatto ricorso al Chapter 11, la legge sul fallimento. Le immagini dei dipendenti che escono con i loro effetti personali nelle scatole di cartone fanno il giro del mondo. La maggior parte degli americani e degli europei, per quanto allibiti, quel giorno ancora non sospettano la gravità dello shock sistemico che sta per innescarsi, le conseguenze drammatiche che colpiranno l'economia reale, l'ecatombe dei posti di lavoro. In quelle ore si consuma una svolta storica: cominciano a chiudersi gli anni ruggenti della globalizzazione finanziaria, il ruolo delle banche finisce sotto accusa, inizia una fase di convulsioni politiche che alimentano populismi, rivolte di sinistra e di destra, sta lì la radice di fenomeni come Brexit e le candidature di Trump e Sanders.

L'implosione di Wall Street nel 2008 è stata preceduta da segnali premonitori. Nel 1997 ci fu la crisi asiatica con le svalutazioni a catena nei «dragoni» dell'Estremo Oriente; nel 1998 il crac dello hedge fund Ltcm (Long-Term Capital Management) salvato con mezzi d'emergenza dalla Federal Reserve di Alan Greenspan; nel marzo 2000 l'esplosione della bolla speculativa di Internet e il tracollo del Nasdaq. Tremori lievi se paragonati al sisma del 2008, seguito dalla più grave crisi dopo la Grande Depressione degli anni Trenta. Ma due studiosi di storia degli shock finanziari, Kenneth Rogoff e Carmen Reinhart, osservano che i crac diventano sempre più frequenti, sempre più ravvicinati.

Sul banco degli imputati finisce la deregulation finanziaria degli anni Novanta, avallata anche da governi di sinistra sulle due sponde dell'Atlantico. In particolare sono sotto accusa Bill Clinton e i suoi segretari al Tesoro Robert Rubin e Larry Summers: decisero di abrogare la legge Glass-Steagall del 1933 che separava le attività della banca di deposito (che gestisce il risparmio di tutti) da quelle della banca d'investimento (che investe in partecipazioni azionarie e titoli a rischio). La «terza via» di Clinton e Tony Blair è stata subalterna al neoliberismo.

È una storia che viene da lontano. Risale alla fine degli anni Settanta la diffusione dei titoli derivati, teorizzati da Milton Friedman, patriarca dell'ideologia mercatista. Ha fatto proseliti anche nelle socialdemocrazie europee e nel Partito democratico americano quell'idea che la libertà globale dei movimenti di capitale, e lo sviluppo di strumenti finanziari sempre più sofisticati, moltiplichi le opportunità di rendimento per i piccoli risparmiatori. Alla lunga, il bilancio di quella deregulation finanziaria è diverso. Negli anni Ottanta e Novanta si allargano le diseguaglianze sociali, i redditi dei lavoratori ristagnano. Wall Street offre la sua scorciatoia per risolvere il problema: credito facile a tutti, anche a chi non può ripagare. Su questo sfondo matura il colossale disastro dei mutui subprime.

All'uscita dalla crisi il processo alla finanza genera nuove tendenze politiche, oltre a una diffusa sfiducia verso «gli esperti» che non hanno previsto nulla. La prima novità in America nasce a destra, è il Tea Party Movement: la scintilla iniziale che lo infiamma è proprio la protesta contro i salvataggi dei banchieri a spese del piccolo contribuente, la sua prima manifestazione di massa è a Washington il 12 settembre 2009. Esattamente due anni dopo è la volta di Occupy Wall Street, ispirato a movimenti della sinistra radicale europea come gli Indignados spagnoli e le loro denunce contro «l'Europa dei banchieri». Il 17 settembre 2011 comincia l'occupazione di Zuccotti Park a pochi metri dalla Borsa di New York. Occupy Wall Street lancia la battaglia contro uno sviluppo economico che beneficia l'«1 per cento», così i ragazzi di Zuccotti Park collegano la finanziarizzazione dell'economia e la crescita delle diseguaglianze. Cavalcando questo tema emerge sulla scena una nuova schiera di politici di sinistra: Sanders, Elizabeth Warren, Bill de Blasio. Anche a destra la filiazione è chiara, dal Tea Party all'iperpopulismo. Trump, pur essendo un affarista immobiliare il cui business è legato a doppio filo con le banche, si è presentato come il paladino della *middle class*, ha attaccato Hillary Clinton perché finanziata da Wall Street.

Obama tra le riforme del suo mandato ha incassato nel 2010 la legge Dodd-Frank: mette dei limiti alla speculazione sui derivati, ma non arriva al punto di smembrare le megabanche, né ripristina la muraglia cinese tra le due attività del credito come ai tempi del Glass-Steagall Act. In tutto l'Occidente le autorità di vigilanza impongono ricapitalizzazioni bancarie. Ma non vengono scongiurati crac come Banca Etruria, scandali come Popolare di Vicenza, le crisi del Montepaschi e della Deutsche Bank. E quando arriva lo shock di Brexit, i titoli più penalizzati nella caduta delle Borse sono proprio quelli bancari. La metastasi non è curata. Né le sue manifestazioni più estreme:

nei primi sette anni di ripresa americana, una quota sproporzionata della nuova ricchezza è andata ancora a concentrarsi nell'1 per cento dei privilegiati.

Il legame perverso tra globalizzazione e finanza si sviluppa in altre direzioni. Dopo la crisi del 2008 cresce in Occidente l'indignazione per l'elusione fiscale consentita in modo legale alle multinazionali. Apple, un simbolo del capitalismo digitale, innovativo e dinamico, con i suoi 200 miliardi di cash esentasse parcheggiati nel paradiso fiscale irlandese, si trasforma in una banca impropria. I bilanci degli Stati soffrono per l'austerity, ma i colossi del capitalismo transnazionale pagano aliquote microscopiche rispetto al ceto medio. Le rivelazioni di WikiLeaks dette «Panama Papers» sono l'ultima beffa: il Gotha dei miliardari è un pianeta separato, le regole sono diverse per loro. Se questa è la globalizzazione, dice Sanders, «qualcuno ha truccato il gioco, non siamo più in democrazia, ma in un'oligarchia».

Smembrare le grandi banche, tagliare le gambe ai padroni della finanza. Fino a poco tempo fa questi erano slogan di Sanders. Ma adesso se ne stanno appropriando... i banchieri stessi. O almeno alcuni di loro. Lo rivela un'indagine compiuta dalla McKinsey & Company per il «Wall Street Journal». È una radiografia delle dieci maggiori banche globali, e della loro evoluzione dal 2008 a oggi. Che si può riassumere in una parola: ritirata. All'epoca della grande crisi, queste megabanche operavano in sessantacinque paesi. Oggi solo in cinquantacinque.

Esempio limite è quello della Citigroup, che ha deciso di abbandonare venti dei paesi in cui operava. In certi casi si tratta di mercati emergenti, dal Brasile all'Africa, che si sono rivelati meno redditizi di quanto si credeva. Ma non è solo in atto un riposizionamento geostrategico. È il concetto stesso della megabanca globale a essere rimesso in discussione. La spiegazione è legata in parte alle riforme varate dopo il 2008, a cominciare dalla legge Dodd-Frank. Più sono grandi, fino a essere etichettate come «globalmente sistemiche», più le banche sono oberate di nuovi obblighi. Un caso estremo, quello della Royal Bank of Scotland salvata dal crac attraverso una nazionalizzazione, ha portato a ritirarsi dentro i confini nazionali e ad abbandonare l'attività di «investment banking». Cioè proprio quello che vorrebbe imporre un ritorno al Glass-Steagall Act, una separazione delle attività tra banche di deposito e banche d'investimento.

Non è solo dalle frange radicali, dai populismi di destra e di sinistra, che parte l'assalto alla globalizzazione. Segnali di ripensamento, ripiegamento e ritirata arrivano da molte direzioni. La Cina sotto Xi Jinping è più nazionalista, rivaluta il capitalismo di Stato e il dirigismo, moltiplica le forme di protezionismo occulto, gli ostacoli alle imprese occidentali. L'India si vede incoraggiata nella sua reticenza ad abbracciare il liberismo: ha sempre mantenuto un alto livello di intervento pubblico e molteplici barriere agli stranieri.

Tra i protagonisti americani delle prime stagioni della globalizzazione, dilagano i «pentiti». Un caso clamoroso è Larry Summers. Da segretario al Tesoro di Bill Clinton è stato l'artefice della deregulation finanziaria. Ora che è tornato a fare il professore a Harvard, parla di «stagnazione secolare» e fa autocritica. «Nuove ricerche» riconosce Summers «hanno cambiato le idee dominanti sul commercio internazionale. Abbiamo le prove che la globalizzazione ha aumentato le diseguaglianze all'interno degli Stati Uniti, ha aumentato le opportunità riservate ai più ricchi e ha esposto i lavoratori a una competizione più serrata.» Summers avanza proposte per aprire un nuovo corso. «La maggiore mobilità del capitale e delle imprese non deve togliere agli Stati la capacità di proteggere i cittadini.» Sul trattato Tpp le sue idee non divergono molto da quelle di Obama: i nuovi patti devono includere meccanismi vincolanti sui diritti dei lavoratori, le conquiste sociali, la protezione dell'ambiente.

Un altro protagonista del revisionismo è Paul Krugman. Il premio Nobel per l'economia gli fu assegnato nel 2008 proprio per i suoi studi originali sul commercio estero. È stato uno dei primi teorici della globalizzazione. Anche lui è diventato più critico. Senza ripudiare l'idea che gli scambi tra nazioni sono benefici, Krugman sottolinea che la distribuzione dei vantaggi dipende dalle regole, e le regole sono il frutto di scelte politiche. I sistemi fiscali sono stati distorti per favorire il grande capitale e le multinazionali. Le regole sul mercato del lavoro hanno rafforzato il potere contrattuale delle imprese e indebolito i dipendenti.

La stessa traiettoria è stata percorsa dall'economista Jeffrey Sachs della Columbia University: «Ho sempre creduto all'utilità degli investimenti internazionali. Anch'io ho contribuito a promuovere la globalizzazione. Ma non bisognava dare il controllo di questi processi in mano a Wall Street e Big Pharma». Tra le sue proposte: trattare in modo diverso gli investimenti produttivi e quelli della finanza speculativa a breve termine.

Una delle conversioni più spettacolari sta accadendo nel tempio dell'ortodossia liberista: il Fondo monetario internazionale. Lo slittamento progressivo del Fmi verso posizioni più critiche sulla globalizzazione è avvenuto sotto la gestione del «clan dei francesi»: l'ex direttore generale Dominique Strauss-Kahn e il suo capo economista Olivier Blanchard hanno aperto la strada, poi proseguita con Christine Lagarde. C'è chi sostiene che se Strauss-Kahn non si fosse rovinato con gli scandali sessuali, la svolta sarebbe stata ancora più radicale.

Il Fondo moltiplica le analisi sulle distorsioni del commercio mondiale. Un ampio studio a cui hanno collaborato otto economisti sotto la direzione di Siddharth Tiwari analizza «Cause e conseguenze della diseguaglianza nei redditi, in una prospettiva globale». Di recente il Fmi ha raccomandato i controlli sui movimenti di capitali, in certe situazioni di crisi: l'opposto di quel che predicava negli anni Ottanta e Novanta.

Le critiche avvengono sullo sfondo di un commercio mondiale che rallenta: l'inaugurazione nell'estate 2016 del nuovo canale di Panama «extralarge» avviene nel momento sbagliato, coincide con una crisi del trasporto navale, colpito da eccesso di capacità e calo dei noli. Rallentamento della crescita e neoprotezionismi si alimentano a vicenda. Uno dei più autorevoli storici dell'economia, Harold James dell'università di Princeton, traccia analogie con gli anni Trenta, quando la Grande Depressione innescata dal crac di Wall Street del 1929 fu poi aggravata dalle guerre tariffarie, l'innalzamento di barriere doganali.

È realistico un puro e semplice ritorno al passato? Uno scenario da anni Trenta come quello immaginato da Harold James, coi vari paesi che si ripiegano su se stessi, escono dalle intese globali, ristabiliscono dazi e protezioni doganali? E prima ancora della domanda sulla fattibilità: c'è da augurarselo per noi?

Il protezionismo rischia di essere deleterio per una nazione di medie dimensioni come l'Italia, la cui ricchezza è stata costruita in larga parte dalle esportazioni. Noi italiani siamo stati a lungo vittime dei protezionismi altrui, espliciti o mascherati. Un esempio: certi prodotti alimentari *made in Italy* hanno sofferto per molti anni sul mercato americano, colpiti da assurdi divieti o controlli pseudosanitari; dietro il pretesto fasullo di tutelare il consumatore americano c'era in realtà una protezione per questa o quella lobby di agricoltori, allevatori, produttori alimentari Usa. Il Ttip dovrebbe creare un grande mercato unico transatlantico un po' più simile al Mercato unico europeo, con meno ostacoli «invisibili» fatti di regolamentazioni e standard tecnici. L'idea è che abbiamo tutti da guadagnarci: consumatori e imprese. Anche se per la verità le stime sui vantaggi sono prudenti, perfino modeste: la stessa Commissione europea – che è parte contraente e favorevole al Ttip – valuta che questo accordo aumenterebbe il Pil europeo dello 0,5 per cento, non proprio quel che si definisce un boom.

Ma il Ttip ha più avversari in Europa che in America. Una prova è stata la grande manifestazione di protesta il 10 ottobre 2015 a Berlino, dove i centomila scesi in piazza per dire no al nuovo trattato hanno agitato dei temi che trovano risonanza anche in Italia. Le critiche sono soprattutto due. Da una parte viene contestato il metodo segreto o semisegreto con cui sono state condotte le trattative, quasi a voler confermare i sospetti che dietro le quinte siano i lobbisti a dettar legge alle delegazioni governative. Poi c'è una clausola particolare che fa infuriare gli europei: è quella che viene chiamata «Investor-to-State Dispute Settlement» (Isds), cioè il sistema per dirimere conflitti tra investitori e Stati. Si tratta di una procedura di arbitrato a cui può fare ricorso un investitore se ritiene che i suoi legittimi interessi sono lesi dalla decisione di uno Stato. L'obiezione mossa dagli oppositori è la seguente: sarebbero soprattutto le grandi imprese multinazionali ad avere i mezzi per ricorrere a questo arbitrato; l'Isds rischia di diventare un leva formidabile con cui le multinazionali dissuadono gli Stati dal minacciare i loro profitti e perseguire scelte di interesse generale (per esempio nazionalizzazioni, o altri oneri imposti ai privati in nome del servizio pubblico). Una parte dell'opinione pubblica europea considera gli Usa come «meno avanzati». E non a torto: dopo un trentennio di egemonia neoliberista, l'America ha visto regredire i diritti sindacali, e spesso anche le protezioni del consumatore e dell'ambiente. Anche se lo scandalo Volkswagen ha rivelato che la verde e avanzatissima Germania non è il modello impeccabile che credevamo.

Uno studio di Iana Dreyer per il Cato Institute, un think tank americano decisamente liberista, osserva che il Ttip non è solo questione di commercio, ma punta a rafforzare i legami tra i paesi dell'Alleanza atlantica, in una fase in cui sono sfidati da avversari come la Russia di Putin o lo Stato islamico. Rileva che l'opposizione tedesca è la più sconcertante, perché la Germania è sempre stata un pilastro del liberismo negli scambi mondiali, almeno quanto l'Inghilterra. E, a differenza dell'Inghilterra, la Germania ha un modello economico fondato proprio sulla sua capacità di penetrare i mercati stranieri, Cina inclusa. Lo studio della Dreyer trova una spiegazione nell'invecchiamento demografico; collega cioè il protezionismo all'insicurezza tipica degli anziani. Nella sua analisi c'è una correlazione: più un paese è vecchio più ha tendenza a vivere come una minaccia le liberalizzazioni. Una spiegazione che convince solo a metà: tra quelli che contestano i trattati e la globalizzazione, ci sono anche tanti giovani.

Possiamo riscrivere le regole della globalizzazione a nostro favore? Cioè: possiamo fare in modo che nel futuro gli scambi fra nazioni siano più generosi di benefici per tutte quelle categorie sociali che finora sono state danneggiate, impoverite? C'è una corrente di pensiero che risponde di sì. Il suo esponente più autorevole è stato Obama. Lui ha difeso gli ultimi trattati proprio con quell'argomentazione. Aggiungendovi un monito. Se non andiamo avanti noi, a mostrare la strada di una globalizzazione piegata al servizio dei lavoratori, dei diritti umani, dell'ambiente, succederà l'esatto contrario: a dettare le regole nella prossima fase sarà la Cina. Già oggi la Cina è una superpotenza economica, la sua capacità di commerciare e di investire le dà un formidabile potere contrattuale verso altri paesi. Se non siamo noi a farlo, ben presto la Cina prenderà l'iniziativa e la globalizzazione avrà le sue impronte inconfondibili. Obama ha puntato sui due trattati Tpp e Ttip facendone dei pilastri della sua eredità in politica estera, alla stregua del disgelo con Iran e Cuba o dell'intesa Onu sull'ambiente. Con alcune clausole innovative di quei trattati Obama è convinto di avere almeno indicato la strada verso una globalizzazione di tipo nuovo, socialmente più equa, più sostenibile per l'ambiente.

Ma se fosse già troppo tardi per cambiare strada e stabilire regole migliori? Questa è la tesi di Clyde Prestowitz, presidente dell'Economic Strategy Institute, già consigliere per il commercio estero sia di Ronald Reagan sia di Bill Clinton. In un articolo pubblicato sul «New York Times» il 22 agosto 2016, Prestowitz esamina proprio l'argomento di Obama secondo cui i nuovi trattati possono impedire che sia la Cina a scrivere le regole del gioco del nostro futuro. Ma Prestowitz obietta che la Cina lo sta già facendo: in quell'area del mondo a lei vicina sta negoziando i suoi trattati con paesi che vanno dall'India all'Indonesia, dalla Corea del Sud alle Filippine. D'altronde, scrive, «l'America non ha più molto da offrire: ai tempi della Pax Americana il commercio si saldava all'influenza geopolitica, offrendo l'accesso (non reciproco) al vasto mercato americano, più la difesa militare americana, più gli investimenti americani», ce n'era per tutti.

Come abbiamo visto, quelle condizioni di non reciprocità ci sono state effettivamente, sono una delle ragioni per cui tanti paesi che appartenevano al Terzo Mondo povero hanno usato la globalizzazione come il motore per il loro decollo verso un relativo benessere. «Ma ormai quell'epoca è finita» sostiene Prestowitz, elencando una serie di cambiamenti irreversibili. L'America non può più offrire ai paesi emergenti l'accesso al suo mercato perché lo ha già offerto, e ormai le barriere per penetrarvi sono modeste (anche se i nostri produttori di salumi non la pensano esattamente così). E mentre un tempo tutte le strade del commercio mondiale portavano agli Stati Uniti, oggi non è più vero. L'America è il più grosso debitore mondiale e la Cina contribuisce a finanziarla. Se si tralascia l'indicatore del prodotto interno lordo, in base ad altri parametri sarebbe la Cina la più grossa economia del pianeta: ha le più ricche riserve valutarie (4000 miliardi di dollari), che reinveste in parte nello sviluppo di gigantesche infrastrutture di collegamento col resto del mondo: fino al Medio Oriente e all'Europa. È la Repubblica popolare il più importante investitore estero nella maggior parte dei paesi emergenti, dal Medio Oriente all'Africa all'America latina. È anche il più importante investitore in molti paesi d'Europa, e in Australia. Ci vorrebbe ben altro, per contrastare l'influenza cinese, che qualche trattato, secondo Prestowitz.

Un'attenzione particolare merita il progetto «Una cintura, una strada» (già in corso di realizzazione), che prevede un reticolo di nuove autostrade, nuove linee ferroviarie ad alta velocità, porti e aeroporti, canali e oleodotti, senza trascurare le infrastrutture di tipo digitale come le fibre ottiche per Internet. È un piano che si proietta nei mari, dal Mar della Cina all'oceano Indiano, dal Golfo Persico al Mediterraneo, dove già i cinesi hanno comprato una partecipazione nel porto ateniese del Pireo. Si proietta su territori che abbracciano tutta la penisola indocinese, il Pakistan, tante ex Repubbliche sovietiche dell'Asia centrale, fino ad arrivare all'Europa dell'Est. Poi ci sono le propaggini che si diramano verso il Corno d'Africa o il Mar Rosso.

Se si realizzerà per intero, questo progetto titanico alla fine collegherà il Pacifico all'Europa, velocizzando e facilitando ogni sorta di comunicazioni e trasporti. Con al centro la Cina. La quale non solo fa i piani, ma li paga in gran parte di tasca sua, per esempio attingendo al fondo sovrano che Pechino ha battezzato «Silk Road Fund», cioè «il fondo della Via della Seta». Oppure chiama altri paesi a cofinanziare questi giganteschi cantieri, ma usando delle nuove istituzioni sovranazionali sotto la sua influenza, come l'Asian Infrastructure Investment Bank e la New Development Bank. Centinaia di miliardi di dollari sono già stanziati, altri sono in arrivo. Il valore complessivo di tutti gli investimenti per unificare l'Eurasia e avvicinarla all'Africa, guarda caso, è proprio di 4000 miliardi, quanto le riserve valutarie attuali della Cina. Non manca in questo piano visionario un elemento difensivo: mentre gli Stati Uniti si avvicinano a grandi passi all'autosufficienza energetica, la Cina continua a dipendere dal petrolio degli altri, perciò è costretta a consolidare i suoi rapporti con un Medio Oriente in pieno caos.

Inoltre, l'enormità delle riserve valutarie di Pechino potrebbe rivelarsi effimera, o quantomeno fragile: il sistema bancario cinese ha problemi gravi quanto il nostro. Più in generale, il presidente Xi Jinping sembra lanciato in una corsa contro il tempo: deve diversificare le fonti del dinamismo cinese, perché il vecchio modello basato sulla manifattura a basso costo e sull'esportazione sta perdendo colpi, e la crescita rallenta anche in Cina. Resta il fatto, comunque, che già esistono, ben visibili, le idee per lanciare una nuova fase della globalizzazione che parlerà mandarino. È dunque troppo tardi per correggere la rotta in nostro favore?

Inoltre: siamo sicuri di essere d'accordo tra noi sul da farsi? Il fatto è che noi occidentali siamo profondamente divisi. E proprio la globalizzazione è diventata uno dei grandi discrimini ideologici. Il settimanale «The Economist» ha centrato questo tema, quando nell'estate del 2016 ha dedicato una copertina al New Divide, la nuova grande spaccatura che attraversa le nostre società. In una copertina emblematica, «The Economist» descrive così il mondo di oggi: ci sono due tribù, su un altopiano che è diviso in due da una spaccatura, un crepaccio profondo. Da una parte c'è il popolo degli ottimisti, dei globalisti, dei multiculturali e multietnici: in mezzo a loro campeggia un cartello con scritto BENVENUTO (agli stranieri, s'intende) e nel loro cielo si staglia un bell'arcobaleno. Di là dal burrone, sull'altra metà dell'altopiano, c'è un popolo intento a costruire una grande muraglia protettiva. Il loro cartello dice VIETATO L'ACCESSO.

Insomma, nel secolo postideologico che è il XXI, al posto dei vari «ismi» del Novecento (comunismo e socialismo, fascismo e nazismo) ci sarebbe un nuovo tipo di divisione, tra globalisti e localisti. Tra quelli che continuano a vedere nell'apertura delle frontiere un elemento di progresso e quelli che invece vogliono ritirarsi dietro i confini nazionali, alzare il ponte levatoio, proteggersi così dal minaccioso caos esterno. Obama è stato un leader della prima tribù, ma ultimamente sembra crescere sia a destra sia a sinistra il richiamo dei nazionalismi e dei protezionismi. La stessa mappa elettorale degli Stati Uniti ci rivela due Americhe, divise più che mai: globalisti contro protezionisti, cosmopoliti contro nazionalisti, multietnici contro localisti. La spaccatura di valori e visioni del mondo è verticale, ed è anche una spaccatura geografica, più netta che mai. Con caratteristiche sorprendenti. La divisione della mappa elettorale Usa potrebbe essere tracciata quasi «col righello»: a maggioranza democratica le due coste, a maggioranza repubblicana quel che sta in mezzo. Gli aspetti sorprendenti? Anzitutto, l'immigrazione fa meno paura proprio dove ce n'è tanta. L'America di mezzo è meno multietnica, eppure sta lì il serbatoio di consensi per la destra xenofoba. Le coste sono anche le aree del paese più aperte al commercio col resto del mondo, più esposte alla globalizzazione. È «controintuitivo» che le aree meno protette siano quelle che rifuggono dal nazionalismo/protezionismo? Al tempo stesso, però, vogliono più Stato nell'economia e nella vita sociale, ciò che promette la sinistra.

Un altro dato interessante viene fornito dall'economista capo dell'istituto demoscopico Callup, Jonathan Rothwell. Spiega che l'elettorato di Trump, a maggioranza bianco e con un livello d'istruzione medio-basso, si riconosce in questa affermazione: il tenore di vita dei miei figli sarà inferiore al mio. Non è per forza un'America povera o impoverita in assoluto. È certamente un'America che si sente in via di declassamento, con aspettative decrescenti. Vive meno a contatto con gli immigrati, ma li teme molto di più, come una minaccia a un modello di società. Dunque anche in America come in Europa gli elettori di destra o di sinistra vivono un disagio della globalizzazione, ne percepiscono gli effetti divaricanti e la pressione sul loro tenore di vita. Divergono piuttosto sulle soluzioni, tra una destra sempre più isolazionista che pensa a proteggersi alzando il ponte levatoio, e una sinistra che chiede allo Stato interventi più generosi per sanare le sofferenze sociali provocate dalla competizione internazionale.

«The Economist» non si limita a constatare qual è la nuova divisione ideologica del nostro tempo. Indica anche una strada per ricucirla. Nel numero del settimanale inglese con quella copertina, un editoriale afferma che «la soluzione ai nostri problemi non è la costruzione di barriere, ma l'adozione di politiche coraggiose che salvino i benefici dell'apertura e riducano gli effetti collaterali negativi. I beni e gli investimenti devono circolare liberamente, ma bisogna rafforzare le reti di sicurezza sociali per offrire sostegno e nuove opportunità a coloro i cui posti di lavoro vengono eliminati». Segue una lista di cose da fare perché globalizzazione non sia più sinonimo di diseguaglianze crescenti o di impoverimento generazionale: tra l'altro, governare meglio i flussi migratori garantendo un inserimento produttivo degli stranieri; investire in infrastrutture pubbliche, nell'istruzione dei giovani e nella riqualificazione dei meno giovani. Sono cose di buon senso. Anche troppo. Infatti sorge spontanea questa domanda: perché non siamo ancora riusciti a farle? Come si possono continuare a ripetere gli elenchi di riforme necessarie, senza accorgersi che le stesse cose venivano dette dieci anni fa, perfino venticinque anni fa? Ci dev'essere una ragione, o una serie di ragioni, per cui non abbiamo saputo o voluto governare la globalizzazione come andava fatto. Se non partiamo da qui, dalla spiegazione delle mancate riforme, qualsiasi difesa d'ufficio della globalizzazione futura è inefficace, poco credibile, perfino ipocrita.

Tornando indietro di un quarto di secolo, in quel preciso momento in cui la storia era a un bivio e poteva imboccare una direzione diversa, il nostro tormento attuale sulla globalizzazione era già ben visibile «sugli schermi radar» di Bill Clinton e della dirigenza democratica americana nel 1992-93. Sono andato a rileggermi il dibattito di quel biennio, che coincideva con una campagna elettorale per la Casa Bianca. Era chiaro ai democratici Usa – come alla Commissione europea di Jacques Delors – che nell'abbattere le frontiere bisognava fare qualcosa per esportare nei paesi emergenti più diritti, salari più alti, sindacati forti, regole sulla salute del consumatore e la protezione dell'ambiente. Clinton disse che andava fatto, e che lo avrebbe fatto una volta arrivato alla Casa Bianca. Avrebbe trasformato i trattati negoziati da Bush padre. Ci avrebbe dato una globalizzazione più equa, socialmente benigna. Ho riletto le trascrizioni dei suoi comizi per i passaggi sul Nafta, raccolti in un libro molto istruttivo (*The Selling of Free Trade* di John R. MacArthur, University of California Press, 2000). Più volte Clinton annunciò l'impegno solenne ad aggiungere al trattato di libero scambio delle «clausole chiave vincolanti» sui diritti dei lavoratori e sull'ambiente. Una volta arrivato al potere, non mantenne le promesse. E sì che un quarto di secolo fa noi occidentali contavamo di più, avevamo più potere contrattuale, nessuno si sognava che a dettare le regole allora potesse essere la Cina (non era ancora nato il Wto e mancava un decennio all'ingresso della Cina).

La spiegazione di quel primo tradimento sta nella corruzione della democrazia, in America e altrove. Al momento di scrivere le clausole dei trattati, chi contava era l'esercito di avvocati ed esperti mobilitati dalle multinazionali. La storia di quest'ultimo capitolo della globalizzazione, anche quando al governo erano le sinistre, l'hanno dettata i poteri forti del capitalismo. Che le destre fossero colluse coi top manager delle grandi imprese non stupisce troppo. Ci fu anche l'alleanza fra una generazione di leader di sinistra e i chief executive delle multinazionali all'epoca: ebbe come protagonisti i vari Bill Clinton, Tony Blair, Gerhard Schröder. Continua oggi, e basta osservare in Italia la subalternità anche psicologica di Matteo Renzi verso Sergio Marchionne: il presidente del Consiglio non perde occasione per cantare le lodi del chief executive, anche quando la Fca (Fiat-Chrysler) si distingue nelle manovre di elusione fiscale spostando sedi e imponibili a Londra o, post-Brexit, in Olanda. Non è cambiato granché, dall'epoca in cui la sinistra della Terza Via abbracciava il neoliberismo, promettendoci solo una visione «ben temperata» al posto della visione «hard rock» di Reagan-Thatcher.

In quanto a Marchionne, che possiamo considerare come il più globale fra i top manager italiani, ecco che cosa ha detto il 27 agosto 2016 parlando all'Università Luiss di Roma: «Non possiamo demandare al funzionamento dei mercati la creazione di una società equa perché i mercati non hanno coscienza, non hanno morale, non sanno distinguere tra ciò che è giusto e ciò che non lo è. I mercati sono una struttura che disciplina le economie, non la società. Se li lasciamo agire come meccanismo operativo della società, tratteranno anche la vita umana come una merce».

È una descrizione realistica di come si comportano i dirigenti di tante multinazionali, abituati a trattare i loro dipendenti come numeri in un bilancio: fungibili, come una merce appunto, anche se lo stesso Marchionne si è affrettato ad aggiungere che «c'è un limite oltre il quale il profitto diventa avidità e chi opera nel libero mercato ha il dovere di fare i conti con la propria coscienza».

Già, ma chi stabilisce oltre quale limite l'avidità è socialmente dannosa, inaccettabile, illegittima? Fin qui i top manager si sono arrogati il diritto – unico – di essere arbitri di se stessi. È la sola categoria che ha di fatto il potere di fissare i propri stipendi, generalmente stratosferici (Marchionne incluso). È una delle pochissime élite che si sono isolate dagli effetti nefasti della globalizzazione: il resto della società sprofonda, loro sono sempre più ricchi. E non è affatto vero che questo sia «il mercato». Marchionne mostra scarsa cultura economica e giuridica quando dice che il mercato «disciplina l'economia». Il mercato è una costruzione storica, complessa e sofisticata, una sedimentazione di istituzioni e di regole fatte dagli uomini. Chi stabilisce, per esempio, le regole assurde che consentono alla Fca di Marchionne il privilegio di scegliersi una sede fiscale diversa a piacimento, per pagare meno tasse? Chi stabilisce che lo stesso privilegio non spetta al cittadino del ceto medio, che non può lavorare in Italia e arbitrariamente fissare la propria residenza fiscale a Montecarlo o alle Bahama? Lo stabiliscono delle leggi proposte da governi, votate da Parlamenti, su sollecitazione e pressione dei poteri forti. Non «il mercato».

Ecco cos'ha detto, in un intervento di grande lucidità, Barack Obama a proposito di quei top manager alla Marchionne, di cui l'America è strapiena: «Quando parliamo delle delocalizzazioni di multinazionali all'estero, o dei privilegi di cui godono i chief executive, o del divario tra la paga dell'operaio e quella dell'amministratore delegato, su queste cose un tempo c'era un limite, una costrizione. Il top manager di una volta viveva nella stessa città dei suoi operai, andava a messa nella stessa chiesa, i suoi figli spesso andavano alla stessa scuola dei figli degli operai. Tutto ciò non esiste più. Questo contribuisce a una separatezza, tra il modo in cui i dirigenti aziendali e le élite economiche vedono le proprie responsabilità, e quel che chiedono ai politici. L'effetto è dannoso, sulle nostre economie».

«Che differenza c'è tra lei e un rapinatore? Perché lei non sta in prigione?» Così il deputato Michael Capuano, democratico del Massachusetts, ha apostrofato uno dei banchieri più importanti del mondo. È avvenuto in pubblico, davanti alle telecamere tv, nel corso di un'inchiesta parlamentare. Settembre 2016. L'imputato è John Stumpf, presidente e amministratore delegato di Wells Fargo. La banca di San Francisco, che dopo una serie di fusioni e acquisizioni è diventata la numero uno d'America in molti settori tra cui i mutui-casa, è al centro di una serie di scandali, il più grosso dei quali riguarda la creazione di milioni di conti fantasma, intestati ai clienti senza che loro ne sapessero nulla, allo scopo di addebitargli spese e commissioni aggiuntive. C'è di più, dalle frodi sui prestiti ai militari ai pignoramenti illegali nei confronti di debitori. Stumpf è il primo banchiere americano a cui abbiano finalmente inflitto delle multe *ad personam*: ci ha rimesso 41 milioni di tasca sua, una vera novità. Però, dopo anni di malefatte, è a piede libero e conserva il suo incarico, cosa che giustamente sembra assurda al deputato del Massachusetts. I suoi colleghi non sono più indulgenti. Un altro deputato, Gregory Meeks di New York, dice: «Questa banca è marcia e lei è il capo del marciume». Un altro definisce Wells Fargo «un'impresa criminale». Un'analoga audizione al Senato è stata altrettanto tempestosa e iraconda. Tocca al deputato repubblicano Jeb Hensarling del Texas pronunciare la verità più scomoda: «Per i cittadini americani tutto questo ha un sapore di déjà vu».

Proprio così: ci risiamo, daccapo. Come nel 2008. Nulla è cambiato. Malgrado il disastro mondiale provocato dai banchieri di Wall Street otto anni fa, malgrado le inchieste e le sanzioni, tutto procede come prima. Molte delle malefatte di Wells Fargo risalgono ad anni recenti, dopo lo shock del 2008, dopo che altre banche erano state punite. I banchieri-banditi non hanno dimenticato nulla e non hanno imparato nulla, non hanno corretto nulla. Com'è possibile?

Il «déjà vu» non chiama in causa solo la finanza, ma implica responsabilità più generali: dei regolatori, della politica, anche dei media. Cominciamo dal settore bancario: ormai ci stiamo abituando al fatto che un sistema nevralgico dell'economia contemporanea sia caratterizzato da comportamenti criminali ai suoi vertici. Eppure i banchieri continuano a guadagnare tanto e godono di status, influenza. C'è qualcosa di guasto nella selezione e formazione delle élite, nei sistemi di valori, nelle gerarchie sociali con cui giudichiamo i dirigenti.

Poi vengono le responsabilità dei regolatori e della politica. Nonostante le riforme approvate durante la presidenza Obama, è evidente che i controlli non funzionano e anche questo è grave: si interviene *ex post*, a sanzionare il delinquente, mentre un sistema sano dovrebbe impedire al banchiere di delinquere, punto e basta. Gli stessi senatori e deputati, che fanno la voce grossa quando hanno le telecamere addosso e sono alla vigilia di elezioni, hanno spesso depotenziato i testi di legge sulle banche quando li discutevano in aula. I media non possono essere assolti, perché in una società dove il crimine alligna nella classe dirigente, anche il ruolo di denuncia della stampa è stato inadeguato. L'Europa è in una situazione identica. Da Montepaschi a Deutsche Bank, la catena delle responsabilità coinvolge le élite di settori diversi: banchieri privati e banchieri centrali che dovevano controllarli; i politici, soprattutto quelli con le «mani in pasta» dentro le banche locali; e noi giornalisti carenti nell'educare i cittadini ad avvistare le trappole, nel metterli in guardia.

Prima conclusione

Come reagire al terrorismo?

Ciascuno di voi può farsi i conti su misura, *ad personam*, io li ho fatti. La mia vita è stata accorciata: dai sei mesi a un anno. È una stima del tempo che ho già perso e continuerò a sprecare in fila per i controlli di sicurezza negli aeroporti o in altri luoghi pubblici protetti. Nomade globale per mestiere, facendo una dozzina di voli intercontinentali all'anno, e molti più all'interno degli Stati Uniti, posso misurare tra le conseguenze dell'attacco del 2001 l'accorciamento della mia speranza di «vita utile».

Niente di drammatico, certo, rispetto alle 3000 vite distrutte l'11 settembre, più le molte altre vittime: i 6000 soldati morti e i 44.000 feriti solo fra le truppe americane in Afghanistan e in Iraq; oltre al bilancio di morti e feriti immensamente superiore tra le popolazioni di quei paesi. E ancora: fra i 2 milioni di nuove reclute entrate nelle forze armate Usa dopo l'11 settembre e spedite al fronte, il 18 per cento soffre di sindromi depressive o da stress post-traumatico; fra loro sono più alti i suicidi, gli omicidi, la violenza domestica. Il costo umano della militarizzazione dell'America è quasi incalcolabile. Un caso fra tanti: l'autore di una delle stragi «non terroristiche» del 2016, il cecchino che a Dallas ha ucciso cinque poliziotti il 7 luglio, era un reduce dell'Afghanistan.

Ma anche la maggioranza dei civili conosce un «prima e un dopo», nella routine quotidiana. Abbiamo dovuto adattarci a cento piccoli cambiamenti, che rendono diversa la nostra vita. C'è chi ha cancellato interi paesi dalle proprie destinazioni di viaggio. Tutti abbiamo imparato per forza un nuovo abc della sicurezza. Il viaggio aereo non è l'unico esempio, ma uno dei più eclatanti. Ricordo quando nell'America pre-11 settembre l'aereo era per noi come un autobus. Paese di grandi distanze, aeroporti ubiqui, tariffe basse, treni scadenti: perciò andavamo all'aeroporto di continuo e facilmente. Mezz'ora di anticipo sulla partenza di un volo domestico era sufficiente. Con l'eccezione di pochi scali ipercongestionati (JFK, Chicago, Los Angeles). I controlli al metal detector erano leggeri, rilassati, veloci. Un parente o un amico potevano accompagnarti fino all'imbarco, non occorreva biglietto. Nessun documento d'identità richiesto. I controlli erano stati allentati rispetto agli anni Settanta (l'unico periodo in cui l'America soffrì qualche dirottamento); non a caso, al-Qaeda ebbe il compito facile.

Lo shock dell'11 settembre ha provocato reazioni a catena, anzitutto la costruzione di un apparato di sicurezza gigantesco, ipertrofico, invasivo, costosissimo. Con ramificazioni in molte direzioni: dal costo per il contribuente alle violazioni della nostra privacy, dai disagi quotidiani agli abusi contro i diritti umani. C'è chi si è arricchito anche su quello, compresi i clan affaristici dell'era Bush: l'azienda petrolifera Halliburton, legata al vicepresidente Dick Cheney, fu tra le prime ad arraffare appalti in Iraq. E c'è una domanda angosciante: tutto questo ci ha reso più sicuri?

La costruzione dello Stato di polizia cominciò subito: nel 2002 il Congresso di Washington votava il consolidamento di 22 agenzie federali nel nuovo Department of Homeland Security, un superministero dell'Interno di dimensioni mai viste nella storia di una liberaldemocrazia in tempo di pace. Operazioni analoghe sono avvenute a livello locale: il solo New York Police Department oggi ha una task force di mille agenti nel Counter-Terrorism Bureau, e si è dotato della propria agenzia di intelligence. La spesa pubblica per la prevenzione antiterrorismo è salita del 300 per cento, oltre i 70 miliardi di dollari annui. I soli aeroporti spendono fino a 10 miliardi l'anno in apparecchiature elettroniche per la sicurezza. Per operare controlli sempre più dettagliati e invasivi in 450 aeroporti americani (via le scarpe oltre a giacche e cinture, fuori i computer dalle borse, gettare liquidi e aerosol), è stato assunto un piccolo esercito che quasi non esisteva: 60.000 dipendenti della Transportation Security Administration hanno sostituito i pochi addetti (perlopiù privati) pre-11 settembre. Il conto è stato pagato in parte con sovrapprezzi sempre più alti sui biglietti aerei (da 1 miliardo di dollari di *security fee*, tassa sulla sicurezza, nel 2002 a più di 3,5 miliardi oggi), in parte con le nostre tasse.

L'elenco dei cambiamenti «banali» che hanno stravolto le nostre routine può continuare. Ogni ufficio pubblico, molte sedi aziendali private hanno investito in apparati di sicurezza e controlli agli ingressi, che non c'erano prima. Tante scuole e università hanno affiancato le esercitazioni di allerta terrorismo alle simulazioni di incendio o terremoto. I medici degli ospedali urbani hanno dovuto imparare a curare ferite che un tempo erano tipiche solo dei teatri di guerra. Naturalmente ci sono sprechi, è cresciuta un'industria della sicurezza interna, rapace e politicamente potente come il complesso militar-industriale durante la guerra fredda. Un esperto della materia, il giornalista Steven Brill, ha stimato in 150 miliardi l'anno i soldi del contribuente gettati via in programmi di sicurezza fallimentari.

L'impatto più generale sulla nostra vita quotidiana è quello che deriva da una «visione del mondo» post-11 settembre. Abbiamo accettato di introdurre modifiche nel contratto sociale collettivo. Un presidente democratico come Obama ha aumentato le espulsioni di immigrati fino a un record di 400.000 all'anno. La legge Usa Patriot Act ha fatto arretrare le tutele dei diritti civili. Ogni anno la National Security Agency viola 56.000 e-mail di cittadini che non hanno nulla a che fare con il terrorismo, come hanno rivelato i responsabili dell'intelligence dopo le denunce di Edward Snowden.

Il prezzo che paghiamo ci rende almeno più sicuri? Di certo non abbiamo più avuto un solo attentato del livello di quell'11 settembre di quindici anni fa. Quelli successivi hanno fatto molte meno vittime; quasi nessuno ha preso di mira (in America) gli aeroporti. Ricordo alcuni tra i più recenti sul suolo Usa. Maratona di Boston, 15 aprile 2013: 3 morti e 264 feriti. Un istituto per disabili a San Bernardino, California, 2 dicembre 2015: 14 morti e 17 feriti. Un nightclub gay a Orlando, Florida, 12 giugno di quest'anno: 49 morti e 53 feriti. Un ordigno su un marciapiede nel quartiere di Chelsea a Manhattan, 17 settembre 2016, 29 feriti.

La natura degli attacchi è cambiata. L'Isis ispira, non organizza meticolosamente come al-Qaeda. Abbiamo a che fare con lupi solitari, oppure coppie di fratelli o di coniugi. Autoindottrinati su Internet, o in occasione di viaggi all'estero. La capacità di terrorizzare rimane. E l'imponente arsenale che noi abbiamo accumulato per proteggerci, come sempre è fatto per combattere il nemico di una volta, non quello attuale.

«Avevo vent'anni. Non permetterò a nessuno di dire che è la più bella età della vita» (Paul Nizan, da *Aden Arabia*, 1931).

Per me e la mia generazione, i vent'anni coincisero con gli anni di piombo in Italia. Anni schifosi, in cui delle minoranze violente cercarono di rovinare la nostra giovinezza. A volte ci riuscirono. I terrorismi di allora (al plurale: rosso, di estrema destra, arabo-palestinese) ci sembrano molto diversi dalla jihad di oggi. Negli anni Settanta mancava la componente religiosa; qui da noi, s'intende; ma si uccideva in nome di una fede in Irlanda del Nord, o tra Pakistan e India. Un terrorismo solo politico, magari ateo, è davvero diverso? Non per chi ci lascia la vita, o perde un familiare, o rimane invalido, con ferite psicologiche incurabili.

David Brooks sul «New York Times» rilegge un saggio degli anni Cinquanta del filosofo Eric Hoffer, *Il vero credente. Sulla natura del fanatismo di massa* (Castelvecchi 2013). Hoffer analizza i movimenti di massa in cui prevale la negazione di sé, il sacrificio in nome di un interesse collettivo. Caratteri che non si limitano certo ai terroristi. Da noi, il Partito comunista italiano coltivava la memoria dei partigiani. La Chiesa cattolica venera i suoi martiri, santifica Madre Teresa di Calcutta.

Ma il Pci e la Chiesa degli anni Settanta offrivano anche gli antidoti contro il nichilismo, la frustrazione e la violenza, perché erano movimenti di massa capaci di animare reti di solidarietà, la condivisione di valori e di ideali collettivi, canalizzando energie verso fini costruttivi. Papa Francesco ci riprova oggi.

Quelli che oggi si arruolano in un movimento di massa come l'Isis non si rivoltano contro un'oppressione da sanare. I due killer di San Bernardino erano una coppia della *middle class*, lui aveva un lavoro ben pagato in California, lei prima di sposarsi aveva studiato in Pakistan in una università per ricchi. Stavano allevando una figlia piccola. La frustrazione non nasce da presunte ingiustizie subite, bensì da un senso di mediocrità, di fallimento individuale. Trova risposta in un'ideologia che nega l'individuo, e in cambio delle stragi e della distruzione del mondo esistente promette un futuro meraviglioso sia in terra (Grande Califfato) sia nell'aldilà. C'è di che sacrificare anche la vita di una bambina di sei mesi, la figlia di quei due. I terroristi, scrive Brooks, «sono profondamente scontenti ma non sono dei diseredati, talvolta hanno vissuto in una noia mortale, una mancanza di scopo, e cercano la risposta in un'allucinazione, vogliono autoilludersi che l'adesione a una dottrina potente e a un leader infallibile gli darà accesso a una forza illimitata».

Le risposte che indica sono valide in ogni epoca storica e contro tutte le varianti dei terrorismi: primo, affrontare la disintegrazione valoriale che è il terreno di coltura di tali movimenti (per questo il ruolo delle comunità islamiche è indispensabile); secondo, offrire delle cause collettive alternative; terzo, colpire il carisma dei loro leader.

Reagire in modo razionale al terrorismo? Che sfida per il nostro equilibrio mentale. Gli psichiatri vengono chiamati in aiuto. Richard Friedman del Weill Cornell Medical College ricorda che siamo geneticamente inclini a ingigantire il pericolo, dall'età preistorica. Il meccanismo dell'ansia permanente, il pessimismo, il pensiero negativo, consentirono ai nostri antenati di salvarsi quando la loro esistenza era minacciata dalle belve feroci, in epoche in cui la longevità media non arrivava ai 30 anni. La «terapia cognitiva» che propone Friedman comincia da una valutazione lucida di quanto il terrorismo sia davvero in grado di sconvolgere le nostre vite quotidiane: meno di ciò che ci appare quando siamo sotto lo shock immediato delle stragi del Bataclan o di Nizza. La studiosa dell'Isis Jessica Stern ci ricorda che un'autodifesa naturale dallo stress di un pericolo mortale è il rafforzamento dei valori in cui già crediamo. Se davvero l'effetto degli attentati sarà quello di unirci attorno ai nostri principi fondamentali, allora avremo vinto noi.

Quando sei nell'epicentro di una crisi, hai la stessa illusione ottica del navigante in mezzo alla tempesta: sembra che l'orizzonte sia scomparso e l'uragano sia destinato a durare sempre. Anche i ventenni di oggi vedranno un futuro migliore. Auguro loro di riuscire dove la mia generazione non è stata capace: nel costruire una ricchezza condivisa di valori, al di sopra degli egoismi.

Ho già spiegato perché esiste un problema islamico; perché dobbiamo incalzare le comunità islamiche nei nostri paesi, senza assolvere automaticamente i «moderati», perché a loro tocca oggi il lavoro duro e pericoloso che fece – tra gli altri – il Pci negli anni Settanta: prosciugare il brodo di coltura.

Questa pressione che dobbiamo esercitare sull'Islam moderato non può confondersi con un'ostilità indiscriminata. Tantomeno con un giudizio negativo sull'immigrazione in quanto tale.

Gli immigrati non rubano i nostri posti di lavoro, non abbassano le nostre retribuzioni. Sono un onere per il bilancio pubblico solo all'inizio (prima generazione), ma diventano contributori netti fin dalla seconda generazione. Queste le conclusioni di un importante studio americano, realizzato dalla National Academies of Sciences, Engineering and Medicine. Un'analisi ampia sull'impatto economico e demografico dei flussi migratori negli Stati Uniti, da vent'anni a questa parte, compreso l'impatto sul mercato del lavoro e sulle remunerazioni dei cittadini americani, nonché i costi e benefici sulle finanze pubbliche sia a livello federale sia nei singoli Stati.

Una delle prime conclusioni è questa: a dispetto dell'enorme quantità di emozioni e di reazioni politiche che scatena, nel lungo periodo l'immigrazione sembra avere un impatto scarso sulle condizioni di vita dei lavoratori già residenti. In effetti, le uniche conseguenze leggermente negative si percepiscono nella concorrenza tra immigrati: i più recenti fanno concorrenza a quelli arrivati prima e possono toglierе loro posti o deprimerne i salari, se si tratta di manodopera poco qualificata. Un'altra fascia a rischio sono i giovani che non hanno titoli di studio elevati, anche per loro l'effetto sostituzione da parte degli immigrati è reale. Nell'insieme, la ricaduta netta dell'immigrazione sull'economia americana rimane positiva. In quanto all'onere sul bilancio pubblico, è limitato sostanzialmente al costo dell'istruzione per i figli di immigrati di prima generazione. Ma quando questi ragazzi diventano adulti, cominciano a pagare le tasse, e così facendo «rimborsano» lo Stato per i costi che ha sostenuto per loro.

Le dimensioni dell'immigrazione negli Stati Uniti sono notevoli. Quaranta milioni di residenti negli Stati Uniti sono nati altrove, e quasi altrettanti sono i residenti che hanno almeno un genitore nato all'estero. Messi assieme, gli immigrati e i loro figli costituiscono un quarto di tutta la popolazione americana. La percentuale della forza lavoro nata all'estero è passata dall'11 al 16 per cento negli ultimi vent'anni. E i flussi continuano a crescere. Negli anni Ottanta in media entravano 600.000 nuovi immigranti (legali: con Green Card) all'anno, negli anni Novanta gli ingressi sono saliti a 800.000, col nuovo millennio il ritmo è passato a un milione. Vi si aggiungono 11,1 milioni di clandestini. Questi ultimi aumentano anch'essi, a un ritmo stabile di 300-400.000 arrivi all'anno. Le cifre del loro impatto economico – costi e benefici – sono queste: alla prima generazione i costi sostenuti dalla collettività sono pari a 57 miliardi di dollari annui. A partire dalla seconda generazione, gli immigrati portano ogni anno 30 miliardi di dollari alle finanze pubbliche. Dalla terza generazione, il loro contributo netto ai conti pubblici balza a 223 miliardi annui.

Immigrazione non è sinonimo di terrorismo. Ma in questa fase storica il terrorismo ha quasi sempre l'aggettivo islamista. Non glielo incolliamo noi, se lo è dato da solo. Come spezzare quel legame?

Ritorno al paragone col Pci di Enrico Berlinguer negli anni di piombo. Nessuna nostalgia da ex militante deve farmi velo. Non ci fummo solo noi comunisti a scendere in piazza, a condannare e a combattere gli assassini. Tanti servitori dello Stato pagarono con la vita: poliziotti, magistrati. Tanti manager e operai delle imprese sotto tiro furono sequestrati, gambizzati, uccisi. La Democrazia cristiana subì l'uccisione di tanti suoi esponenti e del suo massimo leader, Aldo Moro (e gli uomini della scorta morirono prima di lui). Ci furono famiglie straziate, a prescindere dal credo politico.

Il ruolo del Pci, però, è importante per la lezione che oggi riguarda l'Islam moderato. Negli anni di piombo italiani, di fronte alle Brigate rosse e a Prima linea, la sinistra comunista, socialista, extraparlamentare oscillò a lungo fra due atteggiamenti, ugualmente ambigui e pericolosi. Il primo consisteva nel dire: gli attentati sono dei gesti assurdi, controproducenti, che non condividiamo, da parte di «compagni che sbagliano»; nel senso che gli ideali che ispirano i brigatisti all'origine sono gli stessi nostri ideali; quei «compagni che sbagliano» pensano di combattere l'oppressione e l'ingiustizia, di preparare una rivoluzione, ma usano metodi destinati a fallire. Un secondo atteggiamento consisteva nel dire che i brigatisti erano pedine manipolate dai servizi segreti deviati o dai fascisti: un po' come oggi tanti islamici moderati continuano ad accreditare teorie del complotto sulla Cia o sul Mossad israeliano come orchestratori dell'11 settembre, ecc.

L'una e l'altra reazione, che ebbero autorevoli esponenti, erano deleterie. La seconda non voleva guardare in faccia la realtà: culturalmente, i brigatisti venivano dal nostro «album di famiglia» e citavano i testi marxisti che avevano formato anche noi. La prima coltivava un'ambiguità pericolosa, l'idea che in fondo i brigatisti sbagliassero i mezzi (la violenza) ma non il fine (una società più giusta). Proprio come oggi l'Islam moderato condivide coi jihadisti una generale narrazione vittimista e recriminatoria sui torti subiti dall'Occidente.

Dove il Pci degli anni Settanta fece faticosamente la scelta giusta? Fu nel dire: la democrazia italiana è nostra, ci appartiene, non è una «democrazia borghese e fasulla» da disprezzare e da violentare. Valorizzando la migliore tradizione della Resistenza e dei padri costituenti della sinistra, il Pci decise che andava difeso proprio «questo» Stato. Pagò dei prezzi, ma fu decisivo per contribuire alla sconfitta finale del terrorismo. Quella scelta di campo per salvare l'Italia dalla spirale della violenza aveva come inevitabile complemento l'altro strappo di Berlinguer: la rottura con l'Urss e la dichiarazione che noi ci sentivamo più sicuri da questa parte dell'Alleanza atlantica. Non era solo Realpolitik per fare accettare il Pci come partito di governo dagli americani. C'era anche lì una rivalutazione della liberaldemocrazia occidentale: piena di difetti, ma migliore delle alternative imposte ai propri popoli dalle nomenclature comuniste di Mosca e Pechino. È dentro la democrazia occidentale che il progresso dei diritti poteva svilupparsi meglio, con la partecipazione dei cittadini. È esattamente questo il principio che oggi dobbiamo pretendere sia riconosciuto dall'Islam moderato che vive in Occidente. Naturalmente, è essenziale crederci anche noi.

Seconda conclusione

Così costruiremo un'altra economia

Può la democrazia sopravvivere all'impoverimento della classe media? Storicamente, le democrazie liberali sono associate proprio all'ascesa della media borghesia, dalle origini della Rivoluzione americana e francese. Nell'ultimo dopoguerra, quando la democrazia si estese fino a paesi che erano stati totalitari come Italia, Germania e Giappone, il consenso popolare fu cementato dallo sviluppo economico, dalla diffusione del benessere, dell'istruzione, dalle opportunità di ascesa sociale. Via via che nuovi paesi entravano nel rango delle democrazie, per esempio la Spagna franchista e il Portogallo di Salazar, questo avveniva ancora sullo sfondo di una vigorosa espansione economica, di aspettative crescenti. Che ne sarà della nostra democrazia nell'era della stagnazione secolare e dell'impoverimento generazionale? Anziché aspettare che la storia ci dia una risposta, è meglio intervenire sul male oscuro dell'economia globale, una delle radici della sfiducia di massa.

Cambiare strada è urgente. Ma siamo ancora in tempo per inaugurare una globalizzazione diversa, un'economia di mercato con esiti meno ingiusti?

È realistico voler cancellare gli errori accumulati in venticinque anni, ripartire in una direzione nuova? E c'è ancora qualcosa da salvare nel principio delle frontiere aperte? Su quest'ultimo punto, la risposta deve essere affermativa. L'Italia è la seconda economia esportatrice d'Europa. Non tutto il *made in Italy* è stato subappaltato a terzisti cinesi e romeni. Il tessuto manifatturiero, soprattutto in alcune regioni del Nord e Nordest, è tuttora una realtà corposa, anche se molto dimagrita rispetto all'inizio degli anni Novanta. Dunque non è una battaglia marginale, salvare il salvabile non è un combattimento di retroguardia in difesa di qualche rimasuglio di archeologia industriale.

Certo è una battaglia in salita, dove gli strumenti da usare non sono più – non esclusivamente – nelle nostre mani. Le politiche commerciali e doganali verso il resto del mondo, per quanto riguarda gli italiani, sono di competenza dell'Unione europea. Anche nel resto d'Europa, però, il clima sta cambiando, l'ideologia liberista perde colpi, si rafforza il consenso verso soluzioni alternative. E questo accade proprio perché, di recente, l'urto duplice da «globalizzazione + progresso tecnologico» ha cominciato a infierire anche sulla classe media. Prima, finché la cosa non «ci» riguardava, ci siamo voltati dall'altra parte. Questo va ricordato perché fa parte del tradimento delle élite: le professioni intellettuali, i colletti bianchi, hanno mostrato scarso allarme fino a quando i colpi dell'automazione o della concorrenza dalla Cina e dall'Europa orientale si concentravano sull'industria e quindi decimavano la nostra classe operaia. Ma di recente la minaccia ha cominciato ad allargarsi.

A partire dagli Stati Uniti, per esempio nel settore bancario, l'automazione ha portato a licenziamenti di massa: centinaia di migliaia di impiegati si sono trovati senza un posto, sostituiti prima dai Bancomat poi dall'Internet Banking infine dalle app sugli smartphone. Stiamo ancora parlando di una professione abbastanza dequalificata, il bancario allo sportello aveva smesso da tempo di essere un privilegiato; però è colletto bianco, è classe media. Poi, sempre in America, è cominciata la seconda fase delle delocalizzazioni, che ha colpito professioni sempre più specialistiche: il software informatico finiva in India, la diagnostica medica pure. Ci si aggiunge l'intelligenza artificiale, gli algoritmi di Google o Ibm che rubano lavoro ai medici e agli studi legali, agli architetti e ai giornalisti (sissignori, l'agenzia Bloomberg già da tempo sforna notiziari finanziari redatti da computer, senza intervento umano). Si arriva fino ai professori universitari, un mestiere dove poche star, premi Nobel e simili, stanno facendo incetta di studenti e di guadagni grazie a metodi di comunicazione di massa come i webinar e i Mooc (Massive Open Online Courses), forme di insegnamento a distanza che creano due categorie di docenti: in serie A le celebrity strapagate, in serie B tutti gli altri, a rischio di impoverimento.

Di colpo, quello che prima sembrava un triste destino riservato solo all'operaio – finire spiazzato dalla concorrenza o di un robot o di un cinese – è un incubo che si allarga al ceto medio. In Europa queste trasformazioni avvengono un po' più lentamente per effetto delle cosiddette «rigidità» del mercato del lavoro, ma la tendenza è la stessa.

Rare sono le categorie protette dalla corsa al ribasso. Ci sono in vari mestieri delle élite che riescono a procurarsi vantaggi, e il sistema diventa sempre più *winner-takes-all*, un'economia dove pochi vincitori si prendono tutto. La più significativa di queste eccezioni sono i top manager, unica categoria per la quale non valgono regole di libero mercato, concorrenza, meritocrazia. Un esempio fra tanti: nel 2016 i banchieri italiani sono riusciti ad aumentarsi stipendi e gratifiche, al termine dell'anno più disastroso (2015) per le aziende di credito da loro amministrate. L'élite dei chief executive e altri dirigenti si è creata degli scudi protettivi contro la libera concorrenza dei talenti stranieri; non rispetta alcuna relazione tra produttività e guadagno; si isola dall'andamento generale dell'economia. Tutto il resto può sprofondare, ma loro stanno sempre meglio. È un riassunto del trend più importante dell'economia capitalistica negli ultimi venticinque anni. Sotto i nostri occhi si è creata così una moderna oligarchia, che fissa le regole per gli altri ma non le applica a se stessa.

Non c'è nulla di «naturale» in questo. L'economia di mercato non è un fenomeno «della natura», come le stagioni o le maree. È il frutto di secoli di elaborazione umana: diritti e doveri, istituzioni, normative, rapporti di potere, politiche fiscali. Le diseguaglianze non sono sempre state così estreme, neanche all'interno del capitalismo: quello americano negli anni Sessanta fu molto più equo e solidale di oggi, cosa che non impedì affatto una crescita molto vigorosa (anzi, probabilmente ne fu una causa). Anche nel tempo presente, economie che sono altrettanto esposte alla globalizzazione hanno livelli di diseguaglianze molto diversi tra loro: basti paragonare la Scandinavia agli Stati Uniti. La verità è che alcune oligarchie hanno distorto il mercato, hanno pilotato la globalizzazione perché fosse al servizio dei loro interessi, hanno usato il progresso tecnologico per eliminare lavoro umano e concentrare i profitti in poche mani. Tutto questo è frutto di azioni umane, scelte politiche. E come tale è anche reversibile.

Da dove cominciare? Dal fisco: la madre di tutte le distorsioni, la macchina che fabbrica diseguaglianze. Basti pensare alla parte spropositata del prelievo di tasse che pesa sul lavoro, e quindi anche sulle imprese che danno lavoro. Il fisco di oggi punisce chi lavora e, di conseguenza, anche chi assume manodopera umana. Non c'è nulla di naturale né di logico né di ineluttabile. In una società che invecchia rapidamente, dove i giovani fanno fatica a trovare un'occupazione, si continua forsennatamente a sostituire forza lavoro umana con automi e algoritmi, anche perché il fisco incoraggia le aziende a farlo: i dipendenti sono tartassati (sia nelle loro buste paga sia col «cuneo fiscale», ovvero i contributi sociali a carico del datore di lavoro), invece i robot e i software che li sostituiscono non sono affatto tassati, anzi, sono fiscalmente deducibili come investimenti. Il messaggio è chiaro: cacciate via gli esseri umani e sostituiteli con cose, risparmierete un sacco di tasse.

Si può fare diversamente? Il 31 maggio 2016 la Commissione affari legali del Parlamento europeo, insieme alla Commissione sulla regolamentazione della robotica, ha presentato una bozza di risoluzione (relatrice Mady Delvaux, gruppo parlamentare socialista) proprio su questo tema: la possibilità di far pagare gli oneri sociali e previdenziali anche su robot, sistemi di automazione industriale, software informatici e intelligenza artificiale che sostituiscono lavoro umano. La notizia è stata accolta con un misto di scetticismo e ilarità, soprattutto da parte degli ambienti confindustriali e degli «esperti» neoliberisti. Ridicolo, far pagare le tasse ai robot? Dopotutto, loro in pensione non ci vanno, né hanno bisogno di cure dal sistema sanitario nazionale. Se è per questo, gli oneri previdenziali noi li preleviamo anche dai lavoratori che muoiono prima di andare in pensione e non riscuoteranno mai il frutto della loro contribuzione. E visto che dietro l'automazione c'è una scelta strategica del management, perché non disincentivare la creazione di disoccupati che diventano un onere per la collettività (loro continueranno ad avere bisogno di cure mediche e pensioni)?

La contro-obiezione è che si tratterebbe di una tassa antiprogresso. Perché mai? Ogni volta che io prendo un aereo, c'è una tassa sul mio biglietto, non per questo ho smesso di volare. La proposta del Parlamento europeo oggi può sembrare fantascienza, proprio come all'inizio del XX secolo in quasi tutto l'Occidente sembrava fantascienza immaginare un welfare che si occupava degli anziani e dei malati. Poi arrivarono al potere Franklin Roosevelt in America, i laburisti inglesi, le socialdemocrazie scandinave, e l'impossibile diventò la regola.

Invece, negli anni Sessanta sarebbe sembrato inverosimile, oltre che scandalosamente ingiusto, un sistema dove le grandissime aziende non pagano tasse perché si trasformano in soggetti «apolidi». È diventato questo il mondo in cui viviamo. Anche questo non è «mercato», non è legge di natura: è una sedimentazione di regole fortissimamente volute da chi si è conquistato questi privilegi fiscali e ha stravolto il principio democratico per cui siamo tutti uguali davanti alla legge.

Eppur si muove.

E a qualcosa di buono stanno portando, le ventate di populismo-protezionismo.

L'antitrust europeo impone il recupero di 13 miliardi di tasse da Apple, una stangata record contro i privilegi fiscali concessi dall'Irlanda al colosso californiano. Nel 2016 la tensione geoeconomica ha raggiunto i massimi tra le due sponde dell'Atlantico. Le maggiori potenze economiche, Stati Uniti e Unione europea, si sferrano colpi durissimi. Gli americani hanno lanciato l'offensiva per primi: l'antefatto è il Dieselgate, l'attacco dell'agenzia federale per la protezione dell'ambiente contro la Volkswagen, rea confessa di avere truccato sistematicamente i dati sulle emissioni dei suoi motori diesel. Scandalo orrendo, che rientra in una lunga serie di comportamenti criminali a cui le multinazionali ci hanno ormai abituato, e non importa se vengono dalla «virtuosa» Germania (pensate a Thyssen). Sempre a proposito di multinazionali tedesche, nel corso del 2016 la Deutsche Bank è inseguita dal dipartimento di Giustizia di Washington per le sue malefatte nella finanza tossica. Ancora una volta, l'etica degli affari non sembra coerente con gli atteggiamenti moralistici della leadership tedesca.

Ma sul terreno fiscale è l'Europa a dare il buon esempio. Bruxelles ha una lunghezza di anticipo nell'affrontare una piaga che anche l'opinione pubblica americana considera rilevante: l'elusione fiscale delle multinazionali. L'antitrust europeo ha bocciato il trattamento di cui ha goduto per oltre un decennio, dal 2003 al 2014, l'azienda fondata da Steve Jobs. L'indagine Ue ha stabilito che gli accordi speciali, contrattati *ad hoc* fra il governo di Dublino e la sede di Cupertino nella Silicon Valley, hanno regalato ad Apple un'aliquota ultraminima, lo 0,2 per cento, di prelievo sui profitti. Non a caso, è proprio in Irlanda che sono «finiti» tanti profitti realizzati da Apple in altre zone del mondo, Stati Uniti inclusi, ed è lì che l'azienda tiene parcheggiata gran parte della sua liquidità (oltre 200 miliardi di dollari). «È un beneficio illegale, ha consentito ad Apple di pagare molte meno tasse di qualsiasi altra azienda. È un trattamento senza giustificazioni» ha concluso la commissaria europea all'antitrust, la danese Margrethe Vestager. Dure le reazioni delle parti colpite. Il chief executive di Apple, Tim Cook, respinge le accuse: «Noi rispettiamo le leggi e paghiamo tutte le tasse dovute». L'amministrazione Obama lo difende. Il dipartimento del Tesoro americano esprime delusione: «La legislazione fiscale retroattiva è ingiusta, contraria a principi legali consolidati».

In realtà, sull'elusione fiscale il dibattito americano non è tanto diverso da quello europeo. Già nel 2013 Apple fu al centro di infuocate sessioni d'inchiesta parlamentare. Il Senato di Washington denunciò proprio i privilegi fiscali concessi dall'Irlanda. Apple non è l'unica: nel corso di quell'indagine il Congresso mise sotto accusa il fior fiore del capitalismo americano, comprese aziende industriali molto tradizionali. Le aziende tecnologiche sono quelle che fanno più scandalo perché realizzano profitti più alti e quindi l'imponibile sottratto è più consistente. Apple, Google, Microsoft e Amazon svettano sulla classifica dei giganti che eludono le imposte. Secondo un recente studio del Center for Tax Justice e dell'US Public Interest Research Group Education Fund, le 500 maggiori aziende americane hanno 2100 miliardi di dollari di cash parcheggiati all'estero, evitando così di pagare 620 miliardi di tasse sui profitti.

Perché dunque l'amministrazione Obama ha scelto di difendere Apple? Due le spiegazioni. La prima è il peso politico del colosso californiano, generoso di finanziamenti bipartisan. C'è anche un'altra considerazione: la Casa Bianca ha avanzato proposte per cambiare le leggi fiscali e imporre il rimpatrio dei profitti; ma dopo la mossa di Bruxelles le riforme Usa, quand'anche venissero approvate, rischiano di arrivare troppo tardi: in base alle convenzioni internazionali contro la doppia imposizione, quelle montagne di utili accumulati a Dublino e dintorni possono essere tassate una volta sola.

Sulla vicenda Apple – e tutte le storie simili: compresa la Fiat-Chrysler (Fca) di Sergio Marchionne – si gioca una sfida decisiva. Se vogliamo costruire una globalizzazione diversa, è proprio da qui che dobbiamo partire: da un sistema fiscale che è stato stravolto al servizio di pochi, potenti interessi.

È da molti decenni che viviamo in un mondo dove al Big Business è stato consentito di praticare un ricatto permanente. Apple è solo la più grossa o la più ricca, dietro di lei un esercito di multinazionali fanno quel che Jobs e Cook hanno fatto col governo irlandese. Contrattano favoritismi, regali. Mettono gli Stati in concorrenza fra loro: «Chi di voi mi fa pagare meno tasse – possibilmente zero – avrà il beneficio di nuovi investimenti». Alla prova dei fatti gli investimenti sono modesti, creano poco lavoro e poca ricchezza in loco. Quel che interessa è spostare la «sede sociale», la residenza fiscale. È un accorgimento giuridico che poi consente – a chi ha mezzi sofisticati, influenza politica, grandi studi di avvocati al proprio servizio – di delocalizzare in quel paradiso fiscale offshore i profitti realizzati in altre parti del mondo. Apple ha spostato profitti dalla California o dall'Italia, e da tante altre parti del mondo, per localizzarli artificiosamente nella sede irlandese, dove il patto col fisco era diabolico: vengo da te a pagare perché sei quello che ha ceduto al ricatto. Così fan tutte. È il mondo delle multinazionali per le quali le leggi universali sono state sospese.

Immaginiamo se la stessa libertà fosse alla portata del singolo lavoratore. Risiedo e lavoro a New York; oppure a Milano. È lì che si svolge la mia attività principale, è lì che mi viene accreditato lo stipendio. Ma ho scoperto che l'aliquota Irpef è molto più bassa o addirittura nulla nel Nevada o a Montecarlo, nel Centroamerica o in un'isola dei Caraibi. Oplà, il gioco è fatto. Senza traslocare, senza affrontare i disagi dell'espatrio, io continuo a lavorare a New York o a Milano. Ma quando arriva il momento della dichiarazione dei redditi, la presento al fisco di Panama o delle British Virgin Islands. Con una semplice piroetta giuridica io sono diventato molto più ricco. Naturalmente, nel luogo dove abito, che sia la Grande Mela o il capoluogo lombardo, continuo a usufruire di servizi pubblici come il trasporto, o della protezione della polizia locale, o della scuola per i miei figli e via dicendo. Tanto c'è qualcun altro che paga per me.

Ve l'immaginate, davvero? Sarebbe il fallimento per bancarotta di tutti gli Stati sovrani, se di colpo il ceto medio potesse comportarsi come Apple. Peraltro, anche le piccole imprese in questo caso si ritrovano dalla nostra parte, il «gioco irlandese» è fuori dalla loro portata.

Comportarci tutti come Apple, questa sì è fantapolitica. La soluzione non è estendere l'assurdo privilegio. La soluzione è ripristinare il principio più sacro della democrazia e dello Stato di diritto: la legge è uguale per tutti.

Si può fare. Qualcuno ci sta provando e le premesse sono incoraggianti. In questo caso abbiamo perfino una prova tangibile di utilità dell'Europa. Un paese come l'Italia da solo forse non avrebbe la forza per affrontare il mastodonte Apple. L'Unione europea, per le dimensioni del suo mercato, ha una stazza equivalente agli Stati Uniti. Ha mostrato, almeno nelle prime battute di questa guerra, grazie alla coraggiosa commissaria danese, di saper sfoderare la grinta. Niente libri dei sogni, niente utopie selvagge. Una picconata alla volta, possiamo e dobbiamo abbattere l'Ancien Régime dei privilegi feudali che le multinazionali hanno costruito, spacciandolo per «libero mercato». Dobbiamo mettere dei vincoli alla dittatura rapace dei top manager, alla loro assurda potestà di fissarsi da soli superstipendi, un sistema che non ha niente a che vedere con un capitalismo serio dove siano tutelati i piccoli azionisti e l'interesse di lungo termine delle aziende. Dobbiamo bloccare i trattati di libero scambio finché le promesse che Obama ha enunciato – sottoporre il commercio estero a rigorose norme ambientali, tutela dei lavoratori, della salute, dei consumatori – non poggeranno su una metodologia diversa: quegli accordi devono essere negoziati nella massima trasparenza e con regolari consultazioni dei cittadini, non delle lobby.

Dagli anni Ottanta abbiamo seguito i falsi profeti di un libero mercato che si è rivelato un'impostura. Libero come la libertà per pochi di depredare, di ricattare, di sottrarsi ai doveri collettivi. Solo colpendo in alto, rendendo illegale la «secessione privata» delle élite capitalistiche, ricostruiremo un'economia che cresce, che estrae meno tasse dal ceto medio, che diffonde benessere a tutti, che consente ai giovani di progettare un futuro migliore.

Due volte all'anno i principali banchieri italiani emigrano a New York, tappa di passaggio per incontri di lavoro, prima di raggiungere la destinazione finale di Washington. È in occasione dei meeting primaverile e autunnale del Fondo monetario internazionale. A Manhattan organizzano incontri privati e anche cene, alle quali noi giornalisti siamo regolarmente invitati. E comincio a pormi il problema: è inevitabile continuare ad accettare quegli inviti? È corretto frequentare questi personaggi, sia pure durante eventi organizzati alla luce del sole? O rischiamo di perpetuare l'immagine di collusione tra la stampa e un mondo al quale si addebitano colpe sempre più gravi? Certo, per dovere di cronaca un reporter deve avvicinare chiunque sia una potenziale fonte di notizie. Ma le cene conviviali alle volte danno la sensazione di «fraternizzare col nemico»: tanti lettori percepiscono giustamente i banchieri come dei predatori. È un segno dei tempi in cui viviamo, che delle banche si parli ormai sempre più spesso come di associazioni a delinquere. Che capitalismo è questo, se la dimensione criminale è diventata ormai la sua seconda natura?

Intendiamoci, i banchieri italiani quando li incontri nelle vicinanze di Wall Street ti sembrano quelli che sono: dei nanerottoli. Anche nei disastri, sono piccoli rispetto a gruppi come la Deutsche Bank. I guai del gigante tedesco nascono proprio a New York. Anzitutto perché nel 2007 la Deutsche Bank scimmiottava i peggiori vizi speculativi delle sue consorelle e concorrenti di Wall Street, e mal gliene incolse. A tutt'oggi ha in pancia nel suo bilancio una massa tossica di 600 miliardi di derivati, eredità di quelle scorribande. Poi, nella puntata recente dei suoi guai americani, la Deutsche Bank si è vista chiedere dal dipartimento di Giustizia americano miliardi di dollari di sanzioni. Il Fondo monetario l'ha indicata come un pericolo sistemico per la finanza mondiale. La ciliegina sulla torta è che a provocare i peggiori tracolli delle azioni Deutsche Bank in Borsa sono gli hedge fund americani: gli speculatori si azzannano fra loro, che spettacolo edificante questa lotta tra iene e avvoltoi.

La Deutsche è solo un caso estremo, per le dimensioni. In difficoltà c'è anche l'altro colosso tedesco, la Commerzbank. Nel mirino degli investigatori americani ci sono l'inglese Barclays e l'elvetica Credit Suisse, dopo che le indagini già concluse hanno sanzionato tutte le banche Usa, la svizzera Ubs e la francese Bnp Paribas. Praticamente non si salva nessuno.

E davvero l'interrogativo di fondo riguarda un intero sistema: com'è possibile che finanza e criminalità dei colletti bianchi siano associate in modo così ricorrente, invasivo, senza che multe e sanzioni siano un deterrente efficace? Perché il capitalismo finanziario distrugge ricchezze e genera scandali a ritmo sempre più frequente, mentre non si può dire altrettanto per chi produce biciclette o libri, articoli da giardinaggio o cd musicali?

Un altro interrogativo riguarda il livello di consapevolezza, di vigilanza, di allarme sociale. Rispetto ad altre forme di criminalità – omicidi o rapine, estorsioni mafiose o sequestri di persona –, quella finanziaria non sembra scatenare una risposta adeguata. I cittadini risparmiatori sono spesso impreparati a comprendere la natura del rischio, anche se poi ne pagano le conseguenze. La responsabilità dei media c'è, visto che urge formare un pubblico consapevole, avvertito, agguerrito. Anche le nostre cene coi banchieri diventano un problema, qualora segnalino qualche forma di indulgenza. Non voglio scivolare nel moralismo facile. Come i medici devono curare anche i criminali, come gli avvocati devono garantire il diritto a una difesa legale anche ai terroristi, così il giornalista deve frequentare sia i capi di Stato sia quei no-global che li contestano urlando dietro le barriere di polizia e i lanci di fumogeni. Per informare il lettore non ci si può rinchiudere dentro un recinto di frequentazioni *politically correct*, escludendo le altre.

Però, c'è un però. Faccio questo mestiere da troppo tempo per non sapere che fra la teoria e la pratica ce ne corre. Alla fine, «quelli che offrono le cene» sono soprattutto i membri della classe dirigente. L'establishment. Banchieri, imprenditori, politici. Anche se noi giornalisti non siamo ricchi, frequentiamo spesso i ricchi perché questi ultimi ci cercano, vogliono curare la propria immagine e hanno i mezzi per farlo. Inoltre, tanto più da quando la stampa è in crisi, è sconsigliabile sputare nel piatto dove si mangia: raro vedere giornalisti che attaccano, per esempio, il mondo della moda, uno degli ultimi settori generosi negli investimenti pubblicitari.

Questo conflitto d'interessi sta scemando per conto suo, via via che i Padroni della Rete invadono la scena: Facebook e Google ormai dominano il mestiere dei media e ci stritolano; alcuni lettori s'illudono che l'era digitale li stia liberando dagli intermediari, dando a loro la sovranità e il controllo dell'informazione; di sicuro i giornalisti contano meno di una volta. Ma non è una ragione per esimerci da un esame di coscienza. Nel tradimento delle élite, ci siamo dentro anche noi.

Terza conclusione

Salvare la democrazia

«La missione a cui dedico la mia vita? Salvare gli elefanti. Non perdetevi le attività che sto organizzando per la giornata mondiale dell'elefante.» Chi parla è una splendida signora quarantenne, un metro e ottanta su tacchi a spillo, bionda dagli occhi verdi, un fisico da «Baywatch» di cui l'abito da sera valorizza le curve e nasconde poco. Stiamo chiacchierando su un prato all'inglese, all'ora dell'aperitivo, in mezzo a un andirivieni di camerieri in livrea che servono caviale e champagne. Un centinaio di persone attorno a noi, in un parco meraviglioso, con vegetazione lussureggiante e curatissima, più spiaggia privata su una laguna di Southampton.

Insieme al destino degli elefanti in via di estinzione, la signora persegue un'altra missione: trovare marito. «Mi ero trasferita apposta per un anno a Los Angeles, mi sono immersa nel mondo dello spettacolo, ho fatto surf e beachvolley a Santa Monica, ma non ho trovato l'anima gemella.» La signora mette l'asticella in alto, in termini patrimoniali. Questa sera è nel posto giusto: i padroni di casa sono miliardari. Tra gli invitati c'è un pezzetto di Wall Street, più qualche grande editore o pubblicitario. Abbondano le «trophy wives», mogli-trofeo, ex top model alla Melania Trump. C'è anche qualche «trophy husband», giovanotto affascinante con vent'anni meno della moglie.

Gli Hamptons al plurale sono ex villaggi di pescatori situati sulla punta nord di Long Island, da oltre mezzo secolo sono (non per la bellezza ma per il denaro ostentato) come la Costa Smeralda o la Capalbio o la Capri dei ricchi newyorchesi. Siamo a 130 chilometri di distanza da Manhattan, circondati da grandi spiagge di dune sull'Atlantico, una natura selvaggia a perdita d'occhio. Per i comuni mortali che arrivano in macchina, il traffico della metropoli impone quasi tre ore di viaggio. I veri abitanti degli Hamptons usano perlopiù l'elicottero. Nel cuore di Southampton li incontri al bar pasticceria Sant Ambroeus, dove un caffè costa 5 dollari e le auto parcheggiate più comuni sono Ferrari e Bentley.

Insieme all'ex direttore dell'«Economist» sono ospite per il weekend da un amico che ha una proprietà quasi modesta per gli standard degli Hamptons: comunque ha un giardino privato, camere degli ospiti, una piscina, una governante. Ma di fianco alla sua ci sono ville che vogliono rivaleggiare con il castello di Versailles. Ogni tanto, agli Hamptons si affacciano i coniugi Clinton, che trovano un pubblico amico e organizzano cene per la raccolta di fondi. La maggior parte sono progressisti di quella categoria particolare alla quale appartengono Bill Gates o George Soros. Finanziano cause nobili: dalla lotta al cambiamento climatico ai diritti dei gay, dallo sradicamento della malaria nei paesi poveri all'alfabetizzazione digitale nei villaggi africani. Senza dimenticare gli elefanti.

Hanno però le idee chiare sul diritto di proprietà. L'amico che mi ospita mi accompagna in una lunga passeggiata sulla spiaggia dove il paesaggio naturale è stato preservato bene, a parte qualche eccezione. Mi indica un complesso di costruzioni modernissime, eleganti ma in stridente contrasto con le dune. Un pugno nell'occhio, un mostro dal punto di vista paesaggistico. Mi fa il nome del miliardario che l'ha edificato di recente. Piscine multiple, case degli ospiti separate da quella padronale. Un design da vascello spaziale, ancorché attenuato dall'uso di materiali edili molto naturali, «sostenibili». «Abbiamo provato a opporci,» mi spiega «si era formato un comitato locale per la tutela del paesaggio. Ma lui ha opposto questo argomento: ho comprato il terreno e quindi decido io cosa farci.»

Il microcosmo degli Hamptons è quasi una caricatura, la rappresentazione estrema di un certo establishment liberal, élite progressista saldamente installata in cima alla piramide sociale. Neppure l'1 per cento, ma lo 0,01. Le élite colpevoli di tradimento, però, non sono soltanto loro. Che Bill Gates e George Soros siano globalisti a oltranza, non stupisce. Ma attorno a loro è cresciuto un apparato di persuasori occulti, persone molto meno ricche e tuttavia influenti, che per decenni hanno fatto da cinghia di trasmissione, diffondendo acriticamente una visione del mondo fatta su misura per consentire il trionfo del modello-Hamptons. Mentre osservo questo microcosmo che si è conquistato privilegi feudali, ho la sensazione che salvare la democrazia sia importante quanto salvare gli elefanti. Anche lei è minacciata di estinzione.

La fabbrica delle salsicce è meglio non visitarla mai, se non vuoi diventare vegetariano per sempre.

È una vecchia battuta di cui molti si sono attribuiti la paternità. Risale alla fine dell'Ottocento. La fabbrica delle salsicce è la democrazia. È la politica vista da vicino. Brutta, sporca e cattiva. Nauseabonda. Disgustosa. Poi, alla fine, guardando ai risultati, è meno peggio di ogni altro regime al mondo. Non scambieremmo mai le nostre scassate e deludenti democrazie occidentali con una teocrazia degli ayatollah, o con una dittatura fascista o comunista che decida quali libri o siti Internet possiamo leggere o visitare, o se abbiamo il diritto di viaggiare all'estero.

Ogni quattro anni, fa parte del mio mestiere visitare la fabbrica delle salsicce americana. Una visita molto ravvicinata. Diversa da quello studio permanente che ne faccio come corrispondente. Nella vita normale di un corrispondente la maggior parte del tempo va trascorso a New York e a Washington, i centri del potere, là dove si prendono decisioni di portata mondiale. Con l'aggiunta di San Francisco, per via della Silicon Valley: anche quello è, a modo suo, un centro del mondo, dove regnano i Padroni della Rete. Occasionalmente ci scappano le visite a Boston (grande centro universitario), a Los Angeles (cinema e dintorni), a Seattle (Microsoft, Amazon). Qualche inchiesta può esigere un sopralluogo al confine con il Messico, o in località improvvisamente divenute «calde» per le tensioni tra la polizia e la comunità afroamericana (Ferguson, Baltimora, Charleston). Ma sono delle puntate una tantum, in genere.

Ogni quattro anni, però, diventa obbligatorio seguire un itinerario molto più variegato, complicato, e istruttivo. Si comincia da Des Moines, in mezzo ai campi di granturco dell'Iowa, Stato agricolo del Midwest. Poi c'è Manchester, nel New Hampshire, tra i primi insediamenti dei coloni venuti dall'Inghilterra. A seguire c'è il Nevada, sempre più ispanico; il profondo Texas, dove comanda il trio Bibbia-petrolio-armi; poi la Florida. Con puntate possibilmente anche in Ohio e in Pennsylvania. È il percorso a ostacoli delle primarie; cui segue l'itinerario molto simile dei grandi comizi per i candidati prescelti dai partiti. Applica un calendario casuale, stabilito tanti anni fa (1972), quando vennero adottate le attuali regole del gioco per le elezioni presidenziali.

Questo tortuoso gioco dell'oca costringe almeno noi giornalisti a entrare nell'America poco conosciuta e meno raccontata. «Finalmente vi accorgete che esistiamo» sembrano ghignare gli elettori di quei posti sperduti, improvvisamente invasi dai network televisivi americani, che paiono colonne blindate di invasori inviati da una potenza aliena (il più banale dei collegamenti con un seggio elettorale coinvolge Tir spaziali targati Fox, Cnn, Msnbc, con padelloni satellitari che potrebbero comunicare oltre la Via Lattea). Più una miriade di cronisti stranieri come me: mai visti così tanti giornalisti messicani o tedeschi, giapponesi o russi; in quei luoghi remoti appaiono d'incanto soltanto una volta, ogni quattro anni. Così gli habitué di Washington e di New York sono obbligati a soggiornare per lunghi periodi nella «fly-over country», quella nazione che di solito sorvoliamo per passare da una costa all'altra. (E sono sei ore di sorvolo: ce n'è di roba là sotto.)

Nel corso del 2016 ho avuto più volte una sensazione di «déjà vu». L'Italia mi è apparsa come un laboratorio politico, un concetto rovesciato: di solito pensiamo che le novità debbano nascere al centro dell'impero, non alla periferia, e quindi consideriamo l'America come la fabbrica di tutti i trend. Ma mettendo insieme le date di apparizione di fenomeni come il berlusconismo, il leghismo, e il Movimento 5 Stelle, abbiamo avuto un ruolo da precursori.

Vivevo a Milano quando, due anni dopo Tangentopoli, Silvio Berlusconi si lanciò in politica. Seguii la sua prima campagna elettorale (1994) mentre ero vicedirettore del «Sole 24-Ore». Per le legislative del 1996 ero diventato il capo della redazione milanese della «Repubblica». Le successive campagne elettorali le seguii dall'estero. Ricordo la fatica che facevo a spiegare il fenomeno Berlusconi agli stranieri. Oggi no, non farei nessuna fatica, anzi sono gli americani a tracciare analogie fin troppo facili tra Berlusconi e Trump. Inoltre, ricordo i momenti iniziali in cui era difficile «conoscere un berlusconiano»: nella cerchia dei propri amici e conoscenti, se qualcuno lo votava non te lo diceva. Poi, alle urne, scoprivi che erano tanti. Idem per quanto riguarda la stampa, gli intellettuali, le élite, ivi compresi i grandi imprenditori (Gianni Agnelli inizialmente lo snobbava): se toglievi quelli legati direttamente a Fininvest, sembrava che l'Italia colta, influente, autorevole, fosse compatta nel bocciare Berlusconi. Eppure, tre volte ha vinto e tre governi ha guidato.

E allora un problema riguarda quel «noi», pronome plurale che sto usando spesso. Noi giornalisti. Noi opinionisti. Noi intellettuali. Noi liberal delle due coste, abitanti di New York Boston Washington San Francisco Los Angeles. Noi che ci frequentiamo tra simili, e tra le nostre conoscenze facciamo fatica a trovare un rappresentante di quell'altra America. E li abbiamo anche visti, per carità, e raccontati ai lettori. Non c'è reporter che non si sia fatto i suoi bei comizi con Trump, le immersioni nella folla che lo adora. Ma poi, una volta tornati in redazione, al momento di scrivere, ci siamo immersi in un mondo dove «quelli là» sono ovviamente trogloditi, esseri rozzi, dominati da istinti deteriori. Dalla parte sbagliata della Storia.

Fra le tante sorprese del 2016 c'è quella di Trump che sdogana l'elusione fiscale. Credevamo fosse un vizio italico sottrarsi ai doveri del contribuente e vantarsi di essere «furbi». Che colpo per il nostro mito americano.

Vale la pena ricordare uno scambio di battute fra Hillary e Donald nel corso di un duello televisivo. Lei: «Perché Trump si ostina a non mostrarvi le sue dichiarazioni dei redditi, primo candidato in quarant'anni che nega questa trasparenza fiscale? Forse non vuole far sapere agli elettori che non paga tasse federali?». Lui: «Be', vuol dire che sono smart». «Smart», come furbo, brillante, geniale.

Questo mi riguarda. È un duro colpo a una certa immagine dell'America alla quale ho creduto sinceramente, e che a suo tempo usai anche per denunciare le anomalie italiane: Berlusconi, e non solo. Tante volte ho raccontato ai lettori italiani la storia – vera – del boss Al Capone incastrato inizialmente non per mafia, ma per evasione. Era il simbolo di un modello sociale virtuoso: l'America non perdona chi viene meno ai propri doveri fiscali.

Purtroppo non è così. O, almeno, non sempre. Dipende. La vicenda Trump costringe a fare i conti con due verità scomode. Primo, c'è un capitalismo americano che pratica l'elusione fiscale sfruttando tutte le possibilità offerte da normative perverse, leggi *ad hoc*, conquistate con la pressione lobbistica. Certe forme di elusione avvengono in casa, senza bisogno di andare a Dublino, come fa Apple. Interi settori come quello immobiliare si sono costruiti dei «paradisi fiscali interni», ricattando le amministrazioni locali. Democratici inclusi: a New York, il governatore Andrew Cuomo e il sindaco Bill de Blasio. O mi cancelli le tasse oppure io costruisco altrove, e i posti di lavoro li creo nel collegio elettorale di un altro governatore, di un altro sindaco. Il risultato è una giungla immonda di esenzioni e sovvenzioni, tali che alla fine un miliardario paga meno di un impiegato. Alla fine il ricatto diventa una sorta di collusione.

Il mio sindaco di sinistra (radicale!) de Blasio non pone limiti alla speculazione edilizia a Manhattan e Brooklyn, purché gli affaristi immobiliari gli costruiscano anche un po' di case popolari. Le due parti diventano complici, le regole vengono distorte a patto che, alla fine, ciascuno ne abbia un tornaconto. Ma in questo patto scellerato, a quelli delle case popolari vanno le briciole. Per questo New York è un cantiere perpetuo: le gru le paghiamo noi contribuenti normali, i profitti degli immobiliaristi non sarebbero così elevati se non fossero di fatto esentasse. Intanto i ceti popolari continuano a essere espulsi sempre più lontano, con la «gentrification».

Altra verità scomoda. Una parte della società americana si sente oppressa dal fisco, e riceve servizi pubblici così scadenti in cambio delle imposte da solidarizzare con il miliardario. L'affarista sussidiato dai favoritismi fiscali riscatta le sofferenze del contribuente medio, in un assurdo rovesciamento delle parti. Questo rivela un problema per i democratici, per i progressisti. Se la sinistra diventa il partito dell'Agenzia delle Entrate, una fascia di elettori la teme come la peste. Se il Partito democratico si presta alla caricatura – «per la sinistra ogni problema nazionale si risolve solo buttandogli addosso altro denaro pubblico» –, un pezzo di America starà sempre dalla parte opposta.

Quando Obama vinse – sia la prima sia la seconda volta, nel 2008 e nel 2012 –, «quelli là» tornarono a essere maggioranza in soli due anni, appena si spense l'eccitazione delle presidenziali e si votò per il Congresso. C'è qualcosa che non funziona nella democrazia, nel discorso pubblico, e nel nostro modo di raccontare le cose, se le due tribù continuano a convivere come separate in casa, nel più profondo disprezzo reciproco.

La salvezza verrà dai social media? C'è una visione anarco-libertaria che attribuisce alle tecnologie digitali una valenza politica, rivoluzionaria. I limiti della vecchia democrazia svaniscono d'incanto, da soli, via via che questa nuova tribù di nativi digitali prende il potere, e la sovranità popolare diventa il flusso continuo d'informazioni e decisioni via Facebook, Twitter e compagni. Si tende a dimenticare che i regimi autoritari abbracciano i social media, purché non siano americani. Noi tendiamo a considerare l'Occidente come l'ombelico del mondo, ma in termini di masse di utenti bisogna ormai fare i conti con i social media cinesi, per esempio l'onnipresente Weixin (in inglese WeChat), messaggeria istantanea per oltre mezzo miliardo di persone che vi custodiscono anche il loro album fotografico, una sorta di diario permanente a disposizione degli amici.

Il fondatore e chief executive di Facebook, Mark Zuckerberg, è stato uno dei primi a teorizzare che il business più attraente dei social media si sta spostando dalla comunicazione «scritta» (digitale, s'intende) alla comunicazione di contenuti video: più caldi, più intensi, più emotivi, più sintetici. Per Zuckerberg, l'intuizione è stata precoce. Nel 2012 comprò per 1 miliardo Instagram, che aveva 30 milioni di utenti: oggi ne ha più di 400 milioni. Poi, nel 2014, comprò per 19 miliardi WhatsApp, che aveva 450 milioni di utenti: oggi sono più che raddoppiati, superando la soglia del miliardo.

Nei social media le fonti di fatturato e di profitto continuano a essere sempre due: la vendita di informazioni su di noi (saccheggiando la nostra privacy) e le inserzioni pubblicitarie (distruggendo lentamente ogni settore che campava di pubblicità). Fermo restando che il futuro appartiene alla comunicazione di contenuti video «live», e quindi ai social più adeguati e flessibili per questo tipo di uso, ora bisogna prepararsi al prossimo balzo in avanti: l'uso sistematico della realtà virtuale. In altri termini, scordatevi l'idea che le notizie vi vengano trasmesse sullo schermo dello smartphone dal faccione di un reporter o di un «citizen-journalist» (testimone oculare). La realtà virtuale consentirà di trasformare le brutte facce in avatar degni di Pixar e Disney. Le notizie diventeranno più attraenti: effetti speciali, animazione, videogame. Buon divertimento.

In quanto a Zuckerberg, che possa essere il facilitatore di una nuova democrazia digitale è dubbio. Basta ricordare i suoi atti di servilismo verso il governo di Pechino, la superpotenza comunista che continua a opporgli barriere alte quanto la Grande Muraglia. Pur di accattivarsi Xi Jinping, Zuckerberg si è fatto fotografare mentre faceva running per le vie di Pechino, suscitando ilarità o irritazione fra chi in quella città ci vive e ne respira lo smog. La piaggeria non è bastata a far revocare il divieto di accesso a Facebook in Cina. Ma la dice lunga sul legame tra social media e salute della democrazia: inesistente.

Altro eroe dell'insurrezione digitale è Julian Assange, il capo di WikiLeaks. Da anni conduce una vita difficile, recluso nell'ambasciata ecuadoregna a Londra per sottrarsi a un mandato di estradizione in Svezia. Ma è un eroe della democrazia? Ripercorrendo la storia decennale di WikiLeaks, il tratto unificante è questo: gli attacchi sono abbastanza unilaterali, salvo rare eccezioni è l'America il bersaglio principale. La Russia appare sempre più spesso come la sua fonte, e lui non lo nega. È quando se la prende con gli Stati Uniti che WikiLeaks fa notizia e la sua fama s'ingigantisce.

L'elenco parte dal dicembre 2007, con la pubblicazione del manuale interno d'istruzioni ai militari di Guantánamo Bay, l'indegno supercarcere dove gli Usa, dalla guerra in Afghanistan in poi, detengono molti prigionieri accusati di essere «combattenti nemici». Poi arriva un regalo alla destra americana, la divulgazione nel novembre 2009 degli scambi di email tra autorevoli scienziati ambientalisti, da cui risulterebbe un complotto contro i rari studiosi che negano il cambiamento climatico. Il 25 luglio 2010 Assange rende di dominio pubblico 75.000 rapporti segreti dei militari Usa sulla guerra in Afghanistan. Il 22 ottobre dello stesso anno è la volta di 400.000 documenti riservati sulla guerra in Iraq dai quali trapela, fra l'altro, un bilancio di centomila vittime irachene di cui il 60 per cento sono civili.

Il grande botto arriva poco dopo, il 28 novembre 2010: è il cosiddetto «Cablegate», la rivelazione di 250.000 comunicazioni riservate tra il Dipartimento di Stato e le sue ambasciate nel mondo. I dialoghi interni alla diplomazia Usa diventano di dominio pubblico, creando tensioni con i governi (alleati o meno), talvolta scatenano crisi politiche all'interno di paesi stranieri destabilizzati dai giudizi confidenziali degli americani o dalle notizie che Washington e gli ambasciatori si scambiano sulla corruzione di questo o quel regime. Compreso il versante italiano, che coinvolge Berlusconi, Eni, Putin. In alcuni casi, come la Tunisia, è stato osservato che le «primavere arabe» hanno avuto una scintilla iniziale anche da quelle rivelazioni. Da ultimo, Assange si è concentrato sulla campagna presidenziale Usa, bersagliando i democratici. Rivelazioni su Russia o Cina? Zero. Al «New York Times», che gliene chiedeva conto, in un'intervista lui stesso rispose: «Tutti criticano la Russia, che noia».

La storia d'America e del mondo poteva essere diversa, forse. Se la verità avesse avuto la meglio. «Truth», la verità, appunto. È il titolo del film con Robert Redford che racconta una piccola vicenda ignobile, quella che avrebbe dovuto affondare George W. Bush e impedirne la rielezione nel 2004. Non per via della sua grande bugia sulle armi di distruzione di massa di Saddam Hussein, l'impostura che spianò la strada all'invasione dell'Iraq nel 2003. Quella, comunque, sarebbe rimasta impunita. Ma c'era un'altra macchia nel passato di Bush, raccomandato da giovane per evitare il servizio di leva e la guerra del Vietnam. Imboscato in un incarico di tutto riposo nella Guardia nazionale del Texas.

E assenteista cronico anche lì. Con tante piccole menzogne a coprire le sue colpe.

Per il presidente della destra nazionalista e guerrafondaia, uno scandalo così poteva essere fatale. E invece no. Quando il celebre giornalista televisivo Dan Rather tira fuori quella storia su Cbs News, il 9 settembre 2004 (a due mesi dalle elezioni), la destra comincia un'implacabile «caccia all'errore». Trovano delle contraddizioni in una delle fonti. La storia si rovescia, diventa «lo scandalo Dan Rather». Non importa che le rivelazioni sul finto servizio militare di Bush siano vere, quelle passano in secondo piano. Rather ci rimette l'incarico, la sua lunga e onorata carriera finisce malamente su quell'incidente. Finisce ancora peggio la sua producer Mary Mapes (autrice del libro da cui è tratta la sceneggiatura, e interpretata nel film da Cate Blanchett).

In *Truth* non c'è il lieto fine, anzi, vincono i cattivi. Colpa degli errori dei giornalisti? Oppure i media nel 2004 contano meno che nel 1974, l'anno di *Tutti gli uomini del presidente*, quando le rivelazioni di una gola profonda ai giornalisti del «Washington Post» provocano le dimissioni del presidente repubblicano Richard Nixon? Nel finale del film – quando la Cbs organizza un processo interno contro Rather e la producer, chiamando avvocati legati a filo doppio con l'amministrazione Bush – si capisce un problema che sta a monte: gli interessi economici di chi possiede la tv, l'intreccio di collusioni e scambi di favori con il governo, dunque il problema degli assetti proprietari nel mondo dell'informazione.

Ne parlo a New York con i protagonisti della vicenda (Dan Rather, Mary Mapes) e con i due attori che li impersonano, Redford e la Blanchett. «Questo è un tema» mi dice Redford «a cui voi giornalisti, per primi, dovreste dedicare più attenzione. Il ruolo della proprietà nei media, e come gli interessi economici prevalgono o manipolano l'informazione. Spero che questo film aiuti ad aprire una discussione su questo tema essenziale per la nostra democrazia.»

La storia vera di *Truth* si svolge in un'epoca recente, appena dodici anni fa, e tuttavia oggi il panorama dell'informazione è quasi irriconoscibile rispetto a quello di allora. Nel 2004 Facebook era nato da pochi mesi, Twitter non esisteva, Google si era appena quotata in Borsa; il loro impatto nel modo d'informare era nullo. Oggi gli stessi problemi di concentrazione si ripropongono, ma con soggetti diversi. Molto più potenti e incontrollati.

Ai tempi di Rather, o di un altro leggendario anchorman televisivo come Walter Cronkite, i loro volti personificavano «The News», incarnavano una credibilità delle notizie, erano fonti autorevoli e rispettate. Oggi, quando accendo lo schermo, vedo una faccia parlante, e sotto scorrono le cosiddette «banner», strisce di notizie o commenti che distraggono la mia attenzione. È un brusìo nel quale perdiamo concentrazione, facciamo fatica a ricostruire una gerarchia d'importanza delle notizie.

Quale ruolo è riuscito a difendere il giornalismo investigativo in America? Rather dà questa risposta: «La Cbs aveva sostenuto i suoi giornalisti per decenni, dall'epoca delle battaglie per i diritti civili o nella guerra del Vietnam, anche quando i nostri reportage erano scomodi. Nel 2004 la dinamica è cambiata. Solo in seguito scoprimmo che il panel di avvocati messo assieme per interrogarci era stato concordato dalla proprietà, Viacom, con la Casa Bianca di Bush. La vera questione è se vogliamo che i media americani parlino il linguaggio della verità di fronte ai poteri costituiti, che continuino a porre tutte le questioni scomode, senza accettare le cortine di segreto. Quando tu smetti di porre delle domande, allora è l'America che ha perso. Un tempo le news erano un settore separato, rispettato, quasi sacro. Poi la tv è diventata il dominio dell'entertainment e la logica dello spettacolo ha cominciato a condizionare anche l'informazione».

Cate Blanchett osserva: «Da quella storia sono passati dodici anni e temo che oggi il ruolo del giornalismo investigativo sia ancora più sotto tiro. Fa impressione ricordarlo, ma nel 2004 non esisteva ancora Twitter, la blogosfera stava appena sviluppandosi. Oggi mi preoccupa vedere una massa di gossip ri-twittati che diventano verità. Il giornalismo vero è assediato dall'opinionismo, una massa di opinioni diventano virali e distolgono l'attenzione dal lavoro di inchiesta».

La buona notizia è che esiste ancora, dopo cent'anni di vita, la Columbia University Graduate School of Journalism. Una delle più antiche scuole di giornalismo, e probabilmente la migliore, fiorisce in un'epoca in cui gli stereotipi dominanti annunciano la crisi del giornalismo, o almeno dei giornali. Come può una facoltà universitaria continuare a preparare i giovani per una professione in via di estinzione?

Il mistero glorioso di Columbia forse contiene un messaggio importante per tutti noi: giornalisti e, soprattutto, cittadini-lettori. Basta leggere la definizione che questa scuola dà della propria missione. Una descrizione succinta, efficace, quasi la sintesi perfetta di un secolo di storia: «La scuola prepara giovani di tutto il mondo a svolgere una funzione vitale in una società libera: trovare la verità in situazioni complicate, solitamente con poco tempo a disposizione, e comunicarla al pubblico in modo chiaro e interessante». L'autodefinizione aggiunge che chi esce da questa scuola deve considerare se stesso come «un leader per il cambiamento e il miglioramento della sua professione». Molto vasta e comprensiva la prima descrizione, ambiziosa la seconda. Il messaggio è chiaro: da qui sono usciti, escono e usciranno tanti fra i migliori, in un mestiere da cui dipende la salute delle nostre democrazie, la difesa dei nostri diritti.

Nel paese dove in passato la stampa fece tremare dei presidenti, dove talvolta fu capace di scoperchiare scandali ai vertici del capitalismo, l'asticella della qualità è fissata molto in alto. La Columbia è la scuola che assegna ogni anno il premio Pulitzer, il più ambito dei riconoscimenti per i giornalisti americani (e anche gli scrittori). Ma più degli «allori» e dei trofei storici, quel che conta oggi è il ruolo della Columbia nell'esplorare nuove strade, nell'analizzare lo stato di salute, l'evoluzione e le vie di successo di un'industria dei media investita da shock tremendi. Nelle sue aule si cerca di sperimentare un «modello sostenibile», che continui a garantire anche in un futuro totalmente digitale il successo economico e la funzione civile del sistema dell'informazione.

«Scuola» è un nome fuorviante per gli italiani: questa è una superfacoltà, dove si studia solo a livello di Master o di Ph.D. (dottorato di ricerca); chi entra qui, di solito ha già una o più lauree. L'aureola di prestigio che circonda questa istituzione comincia dalla sua collocazione urbana. La School of Journalism è in un angolo del campus della Columbia, che incorpora negli edifici imponenti due secoli di «modello americano»: la punta avanzata della civiltà occidentale, in una nazione dove l'establishment si è formato nelle grandi università, e ha poi «restituito» generosamente alle stesse facoltà con le donazioni dei mecenati.

In più, la Columbia è l'unico vero «campus urbano» di tutte le storiche università della Ivy League, cioè le più antiche ed elitarie d'America. Questo le aggiunge un fascino particolare – essere immersa nel ritmo di vita frenetico di New York, succhiarne la vitalità e la centralità globale –, ma allo stesso tempo può essere fonte di distrazione permanente per chi studia matematica o biologia. Non così per gli aspiranti e futuri giornalisti: per loro, al contrario, è un privilegio studiare a pochi metri da Harlem, a poche fermate di metrò da Times Square o da Wall Street. Una scuola di giornalismo nel cuore di Manhattan è situata al tempo stesso nel centro di gravità di tante notizie di rilevanza nazionale e mondiale – dalla cronaca nera alla finanza, dalla cultura alla tecnologia – ed è anche fisicamente vicina a molti di quei media dove i giovani studenti sperano di trovare lavoro: dalle tv ai giornali, fino ai media digitali, che sono concentrati fra le due capitali rivali dell'innovazione, New York e San Francisco.

Una delle attrattive della School of Journalism è da sempre la qualità dei docenti. Contrariamente a un vecchio pregiudizio italiano («chi non fa, insegna»), qui il personale docente è pieno di giornalisti che hanno avuto, hanno e continueranno ad avere delle carriere importanti. Spiccano nomi come un ex direttore del «New York Times» o la corrispondente della Cnn alla Casa Bianca, grandi firme del «Wall Street Journal» e del «Washington Post». C'è anche un opinionista della «Repubblica», Alexander Stille. Tutti sono docenti all'americana, cioè, quando figurano nell'elenco della Faculty (corpo accademico) in funzione attiva, vuol dire che gli studenti possono davvero contare su di loro. Niente «baroni» altezzosi e inaccessibili. Posso testimoniarlo, indirettamente, di persona. In una vita precedente ho insegnato alla School of Journalism di Berkeley, che si picca di essere la seconda migliore dopo la Columbia. Alla fine di ogni semestre davo i voti ai miei studenti, ma anche loro li davano a me. Un prof assenteista, o che si rinchiuda nella sua «torre d'avorio» e non sia disponibile per una formazione costante e interattiva dei suoi studenti, viene licenziato.

Se in tutti gli statuti della School of Journalism appare il «bene pubblico» come finalità suprema, è perché così volle il suo fondatore. Joseph Pulitzer, che fu all'origine della scuola oltre che del premio, era un immigrato ungherese. Nell'ultimo ventennio dell'Ottocento divenne uno dei più importanti editori di giornali, in feroce competizione con William Randolph Hearst. Mentre Hearst, che ispirò il personaggio Citizen Kane del film di Orson Welles, era il fautore di un giornalismo populista, scandalistico, politicamente con tentazioni fasciste e guerrafondaie, Pulitzer era un democratico sincero. Fu anche eletto per il Partito democratico e si distinse nelle lotte contro i colossi capitalistici e la corruzione. L'idea di una stampa come contropotere, come guardiano in difesa dei più deboli, era la sua guida.

La Columbia fu un'istituzione progressista fin dalla nascita, per esempio per l'emancipazione femminile. La sua prima classe di studenti, che iniziò i corsi il 30 settembre 1912, annoverava 72 studenti di cui 12 donne: un record per quell'epoca. Tra le altre prove di lungimiranza, nel 1939 la scuola cominciò a intuire l'importanza delle «nazioni emergenti» (non si chiamavano ancora così), aprendo delle succursali in Cina e America latina. Introdusse corsi di giornalismo televisivo non appena questo mezzo si affacciò in modo sperimentale, e prima ancora che diventasse un «elettrodomestico» onnipresente nelle case degli americani. Negli anni Ottanta il computer entrò nelle aule quando ancora non era presente in tutte le redazioni dei giornali in molte parti del mondo.

Un carattere fondante della Columbia School of Journalism è il rapporto di simbiosi con la città. Fin dalle origini di questa facoltà, i suoi studenti sono stati addestrati sul terreno, la loro prima scuola era «il marciapiede», e possibilmente quello dei quartieri più disagiati, più degradati: i più fecondi per la cronaca nera, i più interessanti da raccontare al lettore benestante abbonato al «New York Times» nell'Upper East Side, che in quelle zone della città difficilmente avrebbe messo piede. Tuttora una delle palestre di allenamento degli aspiranti giornalisti è il «Bronx Beat», settimanale pubblicato dagli studenti con cronache locali.

È nell'inseguire le novità tecnologiche dei media che la Columbia ha tentato anche di risolvere un'equazione economica fondamentale: come mantenere in vita una professione che sembra minacciata? La questione si pone in modo concreto, in un altro tempio del giornalismo che si trova a poche fermate di metrò di distanza, il «New York Times». Il quotidiano più importante di questa città fu il primo a lanciare un sito Internet ricchissimo, praticamente con lo stesso contenuto informativo dell'edizione cartacea, e tuttavia gratuito. Con la speranza che il forte afflusso di lettori online si trasformasse in ricavi pubblicitari sufficienti a mantenere tutto l'apparato. Il successo online c'è stato, ma per la pubblicità, e quindi per il mantenimento di una struttura costosa (per esempio, decine di uffici di corrispondenza all'estero), non si può ancora rinunciare all'edizione cartacea. Altri giornali americani, che avevano seguito il «New York Times» senza lo stesso successo online, hanno ridimensionato drasticamente le proprie redazioni.

Il rischio è quello di un depauperamento del «giornalismo guardiano», quindi di una soverchiante superiorità di poteri forti, politici o economici. Tra le risposte che la Columbia sta sperimentando c'è un filone di giornalismo investigativo praticato dai suoi studenti, che offrono i loro articoli a diversi giornali americani, incluso il «New York Times». Quest'attività viene finanziata attraverso un mecenatismo impegnato: offerte di cittadini e associazioni che vogliono sostenere attivamente la libertà di stampa e il pluralismo dei mezzi d'informazione.

«Calunniate, calunniate: qualcosa resterà.» Attribuita a Voltaire, la frase è di Francis Bacon, filosofo inglese del Seicento. Più poetica ma non meno crudele è l'aria del *Barbiere di Siviglia* di Rossini:

La calunnia è un venticello
un'auretta assai gentile
che insensibile, sottile,

leggermente, dolcemente,
incomincia a sussurrar.
Piano piano, terra terra,
sotto voce, sibilando,
va scorrendo, va ronzando;
nelle orecchie della gente
s'introduce destramente,
e le teste ed i cervelli
fa stordire e fa gonfiar.

La diffamazione è un meccanismo malefico che gli antichi conoscevano bene. Noi ne abbiamo moltiplicato la potenza grazie a Internet, ai social media. Quella che segue è una storia vera e spaventosa, accaduta a un collega che ammiro. Fareed Zakaria, di origini indiane ma cittadino americano, è uno dei più autorevoli editorialisti di geopolitica, grande esperto di Medio Oriente. Collabora con Cnn, «Time», «Washington Post». Quello che gli è successo lo ha raccontato in un articolo sul «Post».

«Tutto cominciò» scrive Zakaria «quando un sito online per me sconosciuto pubblicò un testo intitolato *Il conduttore della Cnn Fareed Zakaria incita allo stupro delle donne bianche nel nome della jihad*. Secondo l'autore, in un mio blog io avevo invocato la cattura delle donne americane, da usare come schiave sessuali, al fine di spopolare la razza bianca. Inoltre, l'autore sosteneva che su Twitter io avessi scritto: "Ogni morte di un bianco mi riempie gli occhi di lacrime di gioia". Disgustoso. Talmente eccessivo che un simile castello di bugie sarebbe crollato da solo, giusto? Sbagliato. Ecco cos'è successo dopo. Centinaia di persone hanno cominciato a segnalare quel blog, a twittarlo e a ritwittarne il link, aggiungendovi dei commenti troppo volgari o razzisti perché io possa ripeterli qui. Alcuni siti dell'estrema destra hanno ripubblicato la cosa tale quale, come una notizia accertata. A ogni nuovo ciclo il livello d'isteria cresceva, c'è chi chiedeva il mio licenziamento, la mia deportazione, la mia uccisione. Se qualcuno provava a rintracciare il presunto blog o tweet iniziale che mi veniva attribuito, ovviamente non lo trovava, ma gli autori della diffamazione avevano la scusa pronta: io lo avevo cancellato per non attirare l'attenzione. Se provavo a dimostrare che la storia era falsa, confermavo la teoria per cui stavo manovrando per insabbiare tutto. A un certo punto l'intimidazione digitale si trasferì nel mondo reale: arrivarono telefonate di minacce a casa, rivolte alle mie figlie di 7 e 12 anni.» Fareed cerca una morale positiva: «Non importa quanto diventino virali, le bugie restano bugie». Il danno però è fatto, forse incancellabile.

Pensate a un'altra montatura celebre, e che forse voi credete sbugiardata per sempre: ancora oggi un quarto degli americani, e quasi la metà degli elettori repubblicani, pensano che Obama sia musulmano. È falso. Ma è diventato impossibile estirpare la convinzione radicata dentro una fetta della società americana. Chi è attaccato così non può fare molto per difendersi. Rivolgersi alla polizia, alla magistratura? Le forze dell'ordine fanno fatica ad aggiornarsi all'era digitale, spesso non colgono la gravità di queste aggressioni. Ammesso che ci siano le leggi adeguate, chi deve difendere la propria reputazione ha di fronte un percorso faticosissimo, deve perdere un'enorme quantità di tempo, spendere un sacco di soldi in avvocati. Finisce comunque per fare pubblicità alla calunnia stessa, proprio come accadde a Obama: lui smentiva, e la leggenda della sua adesione all'Islam guadagnava notorietà. È una trappola infernale.

Qualcosa forse possiamo farlo tutti noi, cercando di negare ascolto alla calunnia. Ciascuno può condurre una piccola battaglia privata contro la metastasi dei «trolling», i calunniatori online. È un'operazione di pulizia del nostro pensiero. Bisogna armarsi di una diffidenza sistematica verso la maldicenza, i sospettosi, quelle persone che nella vita reale o nei social media versano fiele e veleno su tutto e su tutti, cercano trame e moventi oscuri nelle azioni delle persone. Preferire chi è portatore di una visione positiva. Voltarci dall'altra parte, di fronte a chi ha sempre qualche retroscena squallido da raccontarci. Ci guadagneremo tutti.

«Avevo cinque anni quando capii che mia madre parlava con persone che non esistevano.» La mamma di Orlando Montes soffriva di schizofrenia. Per lui, quella malattia è diventata una sfida e un progetto di vita. Café 54, il suo bar ristorante a Tucson (Arizona), impiega quasi esclusivamente malati mentali.

«Rising Tide», cioè marea montante, si chiama un autolavaggio molto particolare. Si trova a Parkland, in Florida, ha 40 dipendenti di cui 35 sono autistici. «L'autismo per noi è un fattore competitivo, chi ne è affetto dà il meglio di sé in mansioni strutturate, dove bisogna concentrarsi nei dettagli.» Chi parla è il capo dell'officina di lavaggio, John D'Eri. Suo fratello minore soffre di autismo. Arrivato all'età di 22 anni, doveva fronteggiare un dramma comune: per gli autistici sono previste scuole e anche università, ma una volta finiti gli studi non c'è più quasi niente. Il 90 per cento di loro resta disoccupato. «Non è ineluttabile, perché sono dei grandi lavoratori.»

A una riunione del Sierra Club, cellula di New York, gli ambientalisti aderenti a quest'organizzazione volevano trovare qualcosa di concreto da fare. Stavano facendo un po' di brainstorming, riflettendo ad alta voce tutti insieme. Qualcuno ha buttato lì una statistica secondo cui i grattacieli di Manhattan sono tra le maggiori fonti d'inquinamento (divorano energia con gli impianti di aria condizionata), anche perché all'origine i loro tetti furono coibentati con pece e catrame nero. Oggi si sa che è un pessimo materiale isolante: protegge poco dal gelo invernale, in compenso moltiplica il calore estivo e costringe ad aumentare l'aria condizionata. Così è nato il White Roof Project: i weekend si va in giro per la città a dipingere di bianco i tetti dei grattacieli. «Ogni volta si presentano centinaia di volontari, e ci divertiamo pure.»

Sono tre storie belle, potrei raccontarvene altre: decine, centinaia. Le ho scoperte grazie a Tom, il mio cameraman preferito. Tom ha fatto un corso di specializzazione alla Columbia University in fotografia, cinema, produzione e regia. Segue un progetto importante. Si chiama NationSwell. Tom e gli altri fondatori lo definiscono così: è un nuovo media digitale che raccoglie storie di rinnovamento americano, dà spazio e visibilità agli innovatori, i pionieri e i costruttori che fanno qualcosa di creativo, con un impatto reale, per spingere l'America in avanti.

È un mestiere abbastanza raro, visto che noi giornalisti siamo spesso accusati di dare la priorità alle cattive notizie, di diventare i moltiplicatori del pessimismo. Ma il pubblico leggerebbe un giornale fatto solo di storie edificanti, positive e incoraggianti? Tom e i suoi amici stanno facendo una scommessa di questo genere. Non è un partito preso buonista, non è una scelta pregiudiziale di raccontare solo storie belle. In ciascuno di questi videoreportage ci sono anche drammi, difficoltà, asprezze, sconfitte. In comune c'è la tensione verso il meglio: qualcuno ha deciso che non vuole accontentarsi di denunciare i problemi, vuole risolverli, uno alla volta. Sono piccoli passi verso un paese migliore: piccoli ma tangibili, misurabili, e a qualcuno cambiano la vita.

C'è la storia di una piccola start-up che va a installare gratis pannelli solari sulle case degli indiani Navajos nel deserto; un altro piccolo imprenditore converte – uno alla volta – dei Tir energivori e inquinanti, installando una tecnologia che trasforma i loro motori in ibridi e riduce i gas di scarico; un terzo si è messo nel riciclo dei prodotti elettronici e ha scoperto che schermi tv o vecchi computer spesso sono riutilizzabili e perfino vendibili, insomma non è inevitabile che vadano a intasare le discariche. Lui ci si mantiene pure, oltre a far bene all'ambiente. C'è un elenco di consigli pratici su come parlare ai senzatetto, per superare il muro di diffidenza o di paura che ci separa.

Andate sul sito http://nationswell.com. Lì troverete, come dice lo slogan dei creatori, «le persone che stanno cambiando l'America». Un pezzetto alla volta.

Ho passato un mese della mia vita nell'aula di un tribunale americano. Non arrestato, ma selezionato per il Jury Duty. Cioè come membro di una giuria popolare. Mi toccava, prima o poi. Due anni dopo avere acquisito la cittadinanza americana, questo è il mio «secondo esame» da cittadino. La convocazione al Jury Duty è una lettera temuta dalla maggioranza degli americani. Farsi esonerare è possibile, ma bisogna avere ragioni solide, perlopiù gravi problemi di salute. I doveri professionali non sono sufficienti, altrimenti nelle giurie popolari entrerebbero solo pensionati e disoccupati. Si ha diritto a un primo esonero quasi automatico su richiesta, ma io avevo già dovuto usarlo per seguire un vertice internazionale. Se cerchi di fare il furbo, ci sono multe, perfino il reato di «contempt of the court», disprezzo della corte, per il quale sono previste pesanti sanzioni. E finisci nell'elenco dei reprobi, dove pescano i giurati dei processi che durano più a lungo.

Il mio tribunale è presso la Corte suprema dello Stato di New York, al 111 di Centre Street, al confine tra Chinatown e la zona di Wall Street. Io sono finito nella giuria di un processo a due cinesi accusati di sfruttamento della prostituzione in un salone di massaggi. Non entro troppo nei dettagli, anche perché il presidente della corte ci ha terrorizzati con l'elenco delle pene per i giurati che non rispettano gli obblighi di riservatezza. Regna un clima di timore reverenziale, un rispetto maniacale delle regole. Ci hanno garantito il collegamento wi-fi a Internet e ci hanno incoraggiato a portare laptop, tablet per occupare i tempi morti (mica tanti). Ma quando veniamo convocati dal giudice nell'aula, tutti spengono rigorosamente i gadget elettronici, guai a farsi beccare con lo smartphone in modalità silenziosa, a rispondere alle email o agli sms. Aleggia sempre quella minaccia di finire sul banco degli imputati per «disprezzo della corte».

Ma non è solo per disciplina che ci concentriamo sul processo: testimonianze, interrogatori incrociati, arringhe. I funzionari del tribunale, e poi il giudice stesso, nell'introdurci al nostro compito ci hanno ricordato che stiamo svolgendo un ruolo fondamentale nella democrazia americana. Adempiamo un dovere che è anche un nostro sacrosanto diritto: amministrare la giustizia. Questo è un paese che fin dal Settecento decise di darsi dei tribunali fondati sul popolo. È un sistema diverso da quello della maggioranza dei paesi europei, dove pure esistono le giurie popolari ma con ruoli più limitati.

In America dai tempi della Rivoluzione, per reazione alle monarchie, ai tiranni, agli Stati forti, venne deciso di limitare il potere delle burocrazie professionali, magistratura compresa. Il giudice applica la legge e solo lui può decidere le pene, ma dopo che il popolo ha stabilito chi è colpevole e chi è innocente (oppure, nei processi civili, da che parte stanno la ragione e il torto). Il presidente della corte ci ricorda che questo principio un giorno potrebbe tutelare noi: «Avete il diritto costituzionale di essere giudicati da una giuria di vostri concittadini, di vostri pari, non da un magistrato di professione nominato dal governo». È dai tempi in cui lo studiava Alexis de Tocqueville che questo modello resiste, perché la gente qui crede che sia il migliore. Lo vedo attorno a me, nei circa duecento selezionati come me per comporre varie giurie di processi che iniziano in contemporanea: vecchi e giovani, donne e uomini, bianchi e neri, asiatici e ispanici, di ogni ceto sociale e professione. Tutti sono compresi dell'importanza di questo rito a cui partecipiamo, anche quelli che parlano un inglese stentato e probabilmente hanno avuto la cittadinanza solo di recente, come me.

C'è anche l'aspetto spettacolare. Il giudice cerca di metterci in guardia: «Avrete visto tanti film sui processi, e serie televisive come "Law and Order" o altre. Ecco, noi non siamo a Hollywood. Qui ci sono persone vere. I due imputati saranno dichiarati colpevoli o innocenti da voi. Il loro destino è nelle vostre mani, così come tocca a voi valutare le ragioni di chi li ha denunciati. Ricordatevi che il nostro diritto si fonda sulla presunzione d'innocenza. Non formatevi un'opinione prima di avere ascoltato tutte le prove. Condannate solo se avete raggiunto una convinzione di colpevolezza che superi ogni ragionevole dubbio». Ascoltiamo una lezione di diritto americano. Ma poi, quando il procuratore della pubblica accusa e i legali della difesa iniziano a interrogare noi, per la selezione dei giurati, siamo davvero dentro una serie televisiva. Accusa e difesa hanno il diritto di scartare un certo numero di giurati, per evitare una composizione a loro sfavorevole. Mi avevano detto che, in genere, i giornalisti erano malvisti. Devono aver cambiato parere. In giuria ci ritroviamo in due colleghi, c'è anche una giovane reporter del gruppo dei quotidiani Hearst.

Fare il membro di una giuria popolare è un mestiere a tempo pieno, finché dura il processo. Siamo convocati alle nove del mattino e rilasciati alle cinque del pomeriggio. Il mio «altro» lavoro devo concentrarlo prima dell'alba, anticipando di molte ore la sveglia; poi ho un'oretta e mezzo di intervallo pranzo che passo in tribunale incollato al mio computer; poi ancora la sera e fino a tarda notte posso tornare a fare il giornalista. Rinuncio a una vita sociale, cancello viaggi, disdico visite mediche. E non posso lamentarmi perché gli altri tredici giurati (siamo dodici membri permanenti e due supplenti) hanno problemi grossi quanto o più di me: c'è un afroamericano che fa l'autista in proprio e sta perdendo un sacco di soldi, nel suo caso è prevista una diaria ma è ridicola (40 dollari al giorno); c'è una mamma single che non può andare a prendere il figlio quando chiude l'asilo nido. Nessuno ti ringrazia, nessuno ti compiange. Fare il giurato popolare prima o poi capita a tutti. Inoltre, il sacrificio che stiamo facendo noi è poca cosa rispetto alla posta in gioco per le presunte vittime e gli imputati. Sbagliando decisione finale potremmo mandare in carcere degli innocenti, o lasciare impunito un crimine e tradire le vittime. Se hai un po' di coscienza, di notte ti vengono gli incubi.

In questo mese ho imparato molto su ambienti sociali lontani dal mio, mondi dove la realtà quotidiana è fatta di miseria, sfruttamento, prostituzione, estorsione. Sulla vita dei poliziotti a contatto quotidiano con la violenza, l'inganno, l'abuso, i drogati e i malati di mente. Sulle scorciatoie che talvolta alcuni detective usano per incastrare dei sospetti, fabbricando prove. Sul traffico sessuale, le donne che finiscono in quel giro. Sull'immigrazione clandestina e l'insicurezza creata dallo status d'illegalità e precarietà che rende ricattabili.

Ho imparato ancora di più sui miei limiti. Un giornalista, in fondo, si muove su un terreno non troppo distante dal mestiere del giudice e del poliziotto: dovrebbe unirci, almeno in teoria, la ricerca della verità, lo sforzo di imparzialità e di oggettività. Prima di dire innocente o colpevole come giurati, dobbiamo ascoltare tutte le versioni, metterci in tutte le angolature, riconoscere che la verità a volte non è bianco o nero, che in tutte le situazioni umane esistono zone di ambiguità. Non è come fare il tifo sui giornali, leggendo le cronache di processi famosi. I dubbi mi assalgono di continuo. Mi chiedo se questa giustizia fondata sulla giuria popolare sia la migliore possibile. Di certo i suoi risultati dipendono da chi è l'imputato e da chi sono i giurati: nel profondo Sud, se sei un giovane nero accusato di un crimine e ti giudica una maggioranza di bianchi, il sistema ti discrimina. E tuttavia, in quei paesi dove vigono altre regole e procedure, anche i giudici professionali sbagliano, eccome se sbagliano.

Mi consola in parte il fatto che non sono solo. Alla fine siamo in dodici a consultarci, discutere fra noi e decidere. Il mio parere è bilanciato da quello di altre persone, donne e uomini, neri e asiatici e bianchi, ciascuno con la propria esperienza di vita e il proprio buon senso, e speriamo che i pregiudizi degli uni e degli altri si compensino. Ci vuole pazienza, concentrazione, consapevolezza dei propri limiti, spirito di cooperazione.

E così, in fondo, ho ricevuto anche una lezione sulla democrazia. Se è sana, se funziona come deve, se ci crediamo davvero, la democrazia assomiglia proprio a quello sforzo che abbiamo dovuto affrontare noi dodici giurati popolari, microcampione della società. La democrazia è fatica quotidiana per raggiungere un po' di giustizia, qualche soluzione ai torti, mediando fra sensibilità diverse, dialogando per conciliare punti di vista conflittuali. E poi alla fine, ma solo alla fine, si vota e ci si conta. Questo piccolo esercizio di democrazia che coinvolge i giurati chiusi in una stanza per sette ore al giorno e per tanti giorni di fila, com'è distante dal dibattito politico fatto a colpi di slogan, di 140 caratteri, le battute lapidarie su Twitter, le frasi a effetto e gli insulti, le semplificazioni e le aggressioni verbali, il disprezzo dell'avversario, la volgarità, la superficialità, il piacere dello sberleffo e della diffamazione.

Forse la corvée della giuria popolare non crea una giustizia americana migliore di altre, ma in compenso funziona per noi giurati come una sorta di servizio civile. È educativo, ti fa capire meglio che una società vive di sacrifici quotidiani, altrimenti si spappola e si disintegra, diventa caos e ferocia.

Il livello di civiltà, di ascolto, di rispetto reciproco a cui siamo «costretti» noi giurati – che ci piaccia o no, sono le regole del gioco – perché non sembra più possibile nella pratica democratica?

La degenerazione del linguaggio e del costume, ma anche della «concentrazione» dei cittadini, che ormai sembra esaurirsi dopo pochi minuti e qualche battuta fulminea in tv o sui social media, fa sì che i leader democratici si selezionino con le regole della società dello spettacolo.

Prima ancora di fare il giurato, da quando ho la cittadinanza Usa (senza aver rinunciato all'italiana) non sono stato un cittadino solo virtuale, spettatore passivo. Avendo letto Alexis de Tocqueville (*La democrazia in America*), ho preso la faccenda sul serio e ho cercato di esercitare i miei diritti-doveri. All'estero la democrazia americana fa più spesso notizia per i suoi lati spettacolari. Si capisce perché: basta rivedersi dei cult-movie come *Quarto potere* di Orson Welles (1941) e *Il candidato* con Robert Redford (1972), molto prima che spuntassero Arnold Schwarzenegger e Donald Trump, per rendersi conto che la politica-marketing fu inventata qui. Ma non c'è solo questa.

Fedele alle sue origini rivoluzionarie, federaliste e partecipative, la Repubblica americana prevede una costante partecipazione del cittadino alle decisioni. Le occasioni per farci ascoltare da chi ci governa sono sorprendentemente numerose, se si vuole usarle. A New York sono andato agli «hearing» (audizioni) dove la cittadinanza può esprimere il proprio parere su cose importanti: urbanistica, ambiente, politiche sociali, ordine pubblico. La mia consigliera municipale, Helen Rosenthal, tiene informato degli appuntamenti partecipativi chiunque ne faccia richiesta. Il rapporto fra elettore e rappresentante (non solo in comune, ma anche con i deputati e i senatori) è davvero stretto, nei singoli collegi. Ai consigli di quartiere veniamo consultati e i nostri pareri finiscono dentro le istruttorie sulle nuove leggi comunali. Ho partecipato a petizioni, manifestazioni, picchetti e raduni presso gli uffici del governatore Andrew Cuomo, sulle scelte energetiche dello Stato di New York: quanto eolico sviluppare; che fare delle vecchie centrali a carbone; come costringere lo Stato a disinvestire i suoi fondi pensione dalle società che producono energia fossile. Ho aderito alla mobilitazione di volontari per il censimento dei senzatetto, coordinato dal comune, che è un passaggio essenziale per capire l'ampiezza del fenomeno e trovare soluzioni che non siano calate dall'alto da chi ignora i problemi veri degli homeless.

Fare il cittadino che vuol essere ascoltato è quasi un mestiere a tempo pieno, tante sono le occasioni per dialogare con chi ci governa. E questo del «mestiere a tempo pieno» ovviamente è un grosso guaio, un ostacolo non da poco. Alle audizioni dove si discutono le politiche ambientali, i petrolieri non hanno bisogno di venire di persona. Loro pagano squadre di avvocati, che studiano i dossier con mesi di anticipo. Il cittadino comune può cercare di riequilibrare i rapporti di forze associandosi in un'organizzazione collettiva, una ong, un movimento, che a sua volta possa pagarsi gli esperti, gli avvocati, i portavoce autorevoli. Ma l'asimmetria è evidente.

Lo squilibrio nei rapporti di forze è tanto più crudele verso i cittadini meno abbienti. Una mamma single, afroamericana, con un posto di lavoro da cassiera di un supermercato, che passa due ore sui mezzi pubblici e quando arriva a casa deve preparare la cena e aiutare i figli a fare i compiti, come può competere nel sistema democratico con le grandi lobby? Se faccio fatica io a caricarmi di alcune responsabilità di cittadino, figurarsi lei. È un miracolo se troverà il tempo per andare a votare una volta ogni quattro anni. Il giorno dell'elezione spera di mandare al governo un difensore degli interessi dei lavoratori come lei, quelli che negli ultimi decenni hanno perso terreno, hanno visto ridursi il potere d'acquisto, l'accesso all'università per i figli, alle cure mediche e a una pensione decorosa. Ma non basta avere un avvocato difensore dei nostri diritti alla Casa Bianca: ha cercato di esserlo Obama, eppure tante sue riforme sono nate difettose o sono state vanificate. La soluzione più pratica, forse realistica, per la mamma single che torna a casa distrutta dalla stanchezza, è la delega. Fare i cittadini a tempo pieno è arduo, è complicato, è snervante. Ma forse, se non ci decidiamo a riprenderci noi la democrazia, saremo condannati alle delusioni per sempre.

Mentre si avvicina il suo congedo finale, Obama ha fatto questa raccomandazione a chi voglia una diversa selezione delle élite: «Smettetela di trattare la politica come un reality show».

MISTO
Carta da fonti gestite
in maniera responsabile
FSC® C115118
FSC
www.fsc.org

S.I.A. SOCIETÀ ITALIANA DEGLI AUTORI ED EDITORI
SIAE
Aut. XX 10/11/2016

Mondadori Libri S.p.A

Questo volume è stato stampato
presso ELCOGRAF S.p.A.
Stabilimento - Cles (TN)

Stampato in Italia - Printed in Italy